SOCIÉTÉ D'HISTOIRE ET D'ARCHÉOLOGIE
DE CHALON-SUR-SAÔNE

CARTULAIRE

5389

DU

PRIEURÉ DE SAINT-MARCEL

LÈS-CHALON

PUBLIÉ D'APRÈS LES MANUSCRITS DE

MARCEL CANAT DE CHIZY

PAR

PAUL CANAT DE CHIZY

Vice-président de la Société d'histoire et d'archéologie.

SERVARE NARRARE

CHALON-SUR-SAÔNE
LOUIS MARCEAU, IMPRIMEUR-ÉDITEUR
5, RUE DES TONNELIERS, 5

1894

CARTULAIRE

DU

PRIEURÉ DE SAINT-MARCEL

SOCIÉTÉ D'HISTOIRE ET D'ARCHÉOLOGIE
DE CHALON-SUR-SAÔNE

CARTULAIRE

DU

PRIEURÉ DE SAINT-MARCEL

LÈS-CHALON

PUBLIÉ D'APRÈS LES MANUSCRITS DE

MARCEL CANAT DE CHIZY

PAR

PAUL CANAT DE CHIZY

Vice-président de la Société d'histoire et d'archéologie.

CHALON-SUR-SAONE

LOUIS MARCEAU, IMPRIMEUR-ÉDITEUR

5, RUE DES TONNELIERS, 5

1894

INTRODUCTION

La publication de cet ouvrage a été arrêtée et longtemps retardée par la dernière maladie de l'auteur. M. Marcel Canat de Chizy avait laissé de nombreux documents pour établir les tables, index, etc. Son frère les a réunis, coordonnés, vérifiés, et malgré les chances d'erreur qui peuvent subsister dans une œuvre à laquelle les auteurs n'ont pas collaboré en même temps, rien n'a été négligé pour que l'exactitude du texte et des tables soit complète.

Les sources où ont été puisés les documents sont :

A — Manuscrit du président Bouhier (Bibl. Nat., fonds Bouhier, latin 37, nº 17091). C'est un in-folio portant ce titre : *Cartularium Sancti Marcelli in suburbio Cabilonensi.* Il contient 119 chartes. La première page est remplie par une enluminure représentant le roi Gontran, assis sous un arbre; il montre à son page l'église que l'on voit au loin. Cette peinture doit être de la main du président Bouhier.

B — *Cartularium Sancti Marcelli Cabillonensis.* Saint-Germain, lat. 1055/2. Cette copie est postérieure à celle A et n'en est peut-être qu'une transcription, car les notes marginales y sont reproduites, quoique abrégées. Le copiste a fait suivre quelques-unes des chartes de notes qui ont de l'intérêt. Elle renferme le même nombre de chartes que le ms. A.

C — *Cartularium prioratus Sancti Marcelli Cabilonensis, transcriptum per me D. Odonem, alias Jacobum Camuset, Cantorem Sancti Marcelli Cabilonensis.*

Cette copie s'arrête à la charte *Guidonis de Verduno de ecclesia Mariliaco.* — *Notum sit omnibus.* — 41 chartes, c'est-à-dire 75 de moins que dans les précédents manuscrits. (Bibl. Nat., monasticum benedictinum, t. XXII, lat. 12679, f. 351.)

D — Extrait du *Cartulaire de Saint-Marcel de Chalon,* contenant onze chartes, de 1073 à 1096. (Arch. de la Côte-d'Or.)

E — Extrait de trois chartes, nº 15, 93, 95, copiées dans un petit recueil concernant les bois de Lans; cette copie est du XVI° siècle. (Arch. de Saône-et-Loire; fonds Saint-Marcel.)

F — Extrait de cinq chartes concernant le prieuré de Pontoux, nᵒˢ 36, 39, 41, 44, 45. Copies incomplètes, auxquelles sont jointes deux autres copies notariées de la charte nº 39. (Arch. de Saône-et-Loire, fonds Saint-Marcel.) Cette copie est du XVIII° siècle.

G — Aubrée, Bibl. Nat., lat. 12824.

H — Baluze, Ext. 39, f. 93 (Bibl. Nat.).

I — Bibl. Nat., extr. 13813, f. 141.

— extr. 13819, f. 74.

— extr. 12679, f. 336.

K — Collection Canat de Chizy.

L'histoire du prieuré de Saint-Marcel se trouve dans tous les historiens de la Bourgogne[1].

Le roi Gontran fonda à *Hubiliacus* une abbaye et y bâtit, en 577, une grande église où il fut enterré. Cette abbaye, ruinée par les Sarrasins, relevée par des dons royaux, devint florissante et vit réunir dans son enceinte plusieurs conciles. Ruinée de nouveau au X° siècle, démembrée par les seigneurs ses voisins, elle ne put reprendre de la vitalité que lorsque l'entraînement des Croisades amena les seigneurs à restituer et à

---

1. V. Courtépée, III, p. 407. Perry, dom Planchet, etc.

augmenter ses biens, et surtout quand les comtes de Chalon
en devinrent abbés. Ceux-ci cédèrent leurs droits aux abbés
de Cluny, qui firent de Saint-Marcel un de leurs prieurés.

Ses armes étaient « d'or à quatre barres de gueules »[1].

L'église actuelle est du XII° siècle. On y voit le puits où la
tradition place le martyre de saint Marcel. Elle possédait le
cénotaphe d'Abeilard, aujourd'hui au cimetière du Père-
Lachaise[2].

---

1. BOUCHOT, *Armorial général. Bourgogne*, I, p. 216.
2. V. Description intérieure. L. PATE, *Inventaire des richesses de la
France*, 1879, Ministère de l'Instruction publique.

CHARTVLARIVM

PRIORATVS

SANCTI MARCELLI MARTIRIS

1.

PRIVILEGIUM SANCTI MARCELLI.

872.

Agapitus [1] servus servorum Dei. Cum omnium ubique degentium sit compertum ecclesiam Dei supra petram consistere, ejusdemque principem apostolum Petrum existere, nos qui, Domino auxiliante, quamvis subjecti peccatis, ejus vice fungimur, debemus eidem ecclesie, prout possumus, in omnibus subvenire et de suis negotiis pie fideliterque tractare, et, contra secularium temeritatem, Sancti Spiritus clippeo et Verbi Dei auctoritate muniri. Quapropter Galliarum omnis animadvertat plebs, seu utriusque ordinis plurimi, Jesu Christi Domini devotus, quia adiit quidam Warnulfus [2], Cabil-

---

[1] Le nom d'Agapet est inadmissible. Il n'y eut pas de pape de ce nom avant 949. Quelques-uns ont attribué cette charte à Jean VIII, consacré en octobre de cette année. D'autres ont proposé Adrien, prédécesseur immédiat de Jean VIII. Le *Gall. Christ.* n'en admet pas l'authenticité, et elle ne figure pas dans le *Recueil des Hist. de France.*

[2] Cet évêque, Warnulfus, n'est connu que par cette charte et la suivante (n° 2). Il est difficile de l'admettre, car, immédiatement avant et après cette année 873, on trouve le siège de Chalon occupé par Girboldus, qui mourut en 885.

Ionensis ecclesie ordinatus episcopus, limina beatorum apostolorum Petri et Pauli, deprecans nostre mansuetudini, quatinus in
monasterio in pago Lugdunense sito, in loco qui vocatur Hubiliacus
et in honore summi martiris Marcelli dicato, nostre auctoritatis
privilegio, juxta quod in præcepto filii nostri Karoli continetur,
et ejusdem loci privilegio sonat, cunctas res ad idem monasterium
pertinentes confirmaremus, cujus precibus, quia providente vitæ
suæ merito satis nobis carus est, libenter annuimus. Confirmamus
igitur, nostre auctoritatis decreto, jam dicto cœnobio, quicquid
venerabilis Gontrannus rex Galliarum, illius que loci fundator,
ibi condonavit atque concessit, in pago Cabillonensi, in villa
Hubiliaco, terris cultis et incultis, capellam in Siniaciaco in
honore beati Juliani sacratam, ecclesiam beati Eusebii cum
omnibus ad se pertinentibus, portum etiam in urbe Cabilonensi,
Girgiacum villam cum ecclesia, Mercuriacum villam cum omnibus
ad se juste et legaliter pertinentibus, fiscum etiam qui vocatur
Floriacus cum ecclesia sub integritate, Ogniacum, Letva, Liliacum,
Arcum, Patriciacum, Rofiacum, Trevaus, Viriniacum, Castane-
dum, Sauriacum, nec non et Dontiacam potestatem cum omnibus
ad se juste et legaliter pertinentibus, ecclesiam in monte Laschone
sitam, potestatem quæ vulgo apellatur Vallis aurea, Bellanavim,
Vetus molinum, fiscum etiam qui vocatur Salciacus, Roccas,
Meriliacum, et Petra jovis, Aquis, Alciacum, Vaciacum, in comitatu etiam Cabillonense, in villa Boserontis mansos xii, nec non
deinceps quicquid ibi venerandus rex contulit atque concessit.
Statuimus etiam et nostre pontificalis sublimitate privilegium
concedendo, ut nullus Burgundie dux, seu et Cabilonensis ecclesie
episcopus, vel ejusdem urbis comes sive judex publicus, aut
exactionarios aut mansionaticos vel paradas faciendum distringere
minime audeat. Sanccimus etiam ut si quis intra munitatem eorum
infra duobus milibus confugium fecerit, a nemine inde violenter
abstrahatur. Defensores igitur hujus nostri privilegii et fidissimi
protectores, apostolorum suorum meritis, et beati Marcelli martiris intercessionibus, larga eis Domini benedictio prosequatur.
Si quis vero, quod Deus avertat, exorbitatus a fide contra hanc
nostram apostolicam et beati Petri auctoritatem, ausu temerario,
venire presumpserit, omnipotentia Dei Patris, Filii et Spiritus

Sancti sit excommunicatus, anatematizatus et a liminibus sancte Dei ecclesie sequestratus, et beati Petri, ad cujus sacratissimum corpus sedemus, interminabili maledictione damnatus, diabolo quoque et ejus atrocissimis angelis deputatus, inextinguibile perferat incendium, nisi resipuerit et veniam cum satisfactione meruerit. Datum per manum Walperti [1] humillimi sancte portuensis ecclesie, anno Domini nostri Jesu Christi DCCCLXXII°; indictione VI [2].

2.

HEC EST CONFIRMATIO KAROLI MAGNI IMPERATORIS [3].

12 juin 872.

In nomine Domini Dei eterni et Salvatoris nostri Jesu Christi, Karolus, divina propitiante clementia, imperator augustus. Si utilitatibus locorum servorumque Dei in eisdem degentibus opem nostre celsitudinis exercemus, numen ac per hoc ad æternam beatitudinem omnino venturos nos minime dubitamus. Proinde notum esse volumus omnium sancte Dei ecclesie nostrisque fidelium, tam presentium quam et futurorum, quod adeuntes nostre serenitatis genua Aledrannus [4] dilectus nobis comes et Warnulfus [5] dilectissimus nobis præsul, humiliter flagitaverunt mansuetudini nostre ut canonicis beati Marcelli martiris, in pago Lugdunensi, in vico qui dicitur Hubiliacus, sempiternum apostolici privilegii

[1] Walpertus paraît dans la souscription de la charte qui suit (n° 5), de 879, avec le titre d'évêque.

[2] Cette charte, si elle est authentique, ne peut être antérieure à l'année 873, qui correspond à l'indiction VI. La charte du pape Jean, de 879 (n° 5), 6° année de son pontificat, s'accorde, pour la date, avec l'indication de celle d'Agapet.

[3] Cette charte n'est pas de Charlemagne.

[4] Ce comte Aledrannus est connu. Dans une charte du même empereur (*Ch. de Cluny*, I, n° 16) concernant le Mâconnais, il est fait mention d'*Aledrannus dilectus nobis comes et ministerialis*, et de son neveu Adalard, qui était aussi comte. Les copistes ont lu *Aldranicus, Aledramisus;* le *Gall. Christ.* dit *Aledravisus.* — L'absence de comtes de ce nom a dû contribuer à faire suspecter cette charte.

[5] Voir la note 2, page 1.

stabilimentum concederemus. Itaque libuit nostre celsitudini eorum saluberrimis adquiescere postulationibus, et, tam pro veneratione summi martiris, quam et nostris relaxandis piaculis, quicquid in illorum sonat privilegiis, cœterisque acquisitionum cartulis, habendo concessimus. Videlicet quicquid Guntrannus rex, ejusdem loci fundator, ibi condonavit atque concessit; terram scilicet in circuitu tam longe quam prope adjacentem, ecclesiam beati Eusebii supra segunne fluvio sitam cum omnibus ad se pertinentibus, ecclesiam beati Juliani sitam in Siniciaco villa, portum etiam in urbe Cabilonensi, Girgiaco villam cum ecclesia, Mercuriaco etiam sub integritate, Floriacum, Oniacum, Liliacum, Arcum, Patriciacum, Rofiacum, Trevaus, Canevas, Lctua, Escociolas, Alciacum, Virimacum, Vaciacum, ecclesiam scilicet in monte Laschone sitam, nec non et Dontiacum cum omnibus ad se juste et legaliter pertinentibus, Sauriacum et Castenedum, fiscum etiam qui vocatur Saltiacus et Bellanavim sub integritate, potestatem etiam que dicitur Vallis aurea, Vetus molinum et Petra jovis, Meriliacum, Saviniangas, Roccas et Aquis, et in villa Boserontis mansa xii, nec non deinceps quicquid ibi venerandus rex contulit in quocumque loco et pago. Statuimus etiam in nostre altitudinis precepto concedendo, ut nullus Burgundiæ dux, seu Cabilonensis ecclesie episcopus, sive ejusdem urbis comes aut judex publicus, aut exactionarios, aut mansionaticos vel paradas faciendum, nec homines illius loci procul aut juxta sitos, tam ingenios quam servos, distringendum, judiciaria potestas exigere minime audeat. Concedimus etiam nonas et decimas ex omnibus ejusdem ecclesie villis; et si quis intra munitatem eorum infra duobus milibus confugium fecerit, nullus eum inde abstraere, sine licentia abbatis vel senioris prœfati loci, prœsumat. Ut autem preceptum hoc nostre auctoritatis inviolabile sempiternam in omnipotentis nomine obtineat vigorem, diuturnisque valeat durare temporibus, manu propria firmavimus et annulo nostro subsignari jussimus.

Sigillum Karoli gloriosissimi regis.

Salomon notarius ad vicem Liutuardi archicancellarii recognovi et subscripsi. Data pridie idus junii, anno ab incarnatione Domini DCCCLXXII°, indictione vi; anno vero regni Domini Karoli imperatoris v°. Imperii autem ii. Auctum ad Gundulfi villam in Dei nomine feliciter. Amen [1].

Rec. des Hist. de Fr., ix, p. 337. Sous la date 885. — Perry, p. 33. — L'illustre Orbandale, ii, p. 91.

3.

Exemplar de illa emunitate Sancti Marcelli quod Domnus Karolus rex fieri jussit in Arastalio palago [2].

30 avril 779.

Carolus gratia Dei rex Francorum et Langobardorum ac patricius Romanorum, omnibus et gentibus nostris tam presentibus quam

[1] La date de 873, qui convient à l'indiction vi, ne peut se concilier avec celle du règne v, et de l'empire ii. C'est un des motifs qui ont engagé les historiens de Chalon à lui substituer celle de 885 et à attribuer le diplôme à Charles le Gros; correction qui a été reproduite dans le *Rec. des Hist. de France*. Il existe, en effet, dans le cartulaire de l'évêché de Chalon (Perry, p. 33, etc.) une charte de cet empereur, dont la souscription est semblable à celle de la charte de Saint-Marcel. — *Salomon notarius ad vicem Liutuardi..... Datum pridie idus junii anno..... DCCCLXXXV anno vero regni Domini Caroli imperatoris VII. Imperii vero V. Actum apud Gundulfi villam.....*

Il est difficile de séparer ces deux chartes (nᵒˢ 1 et 2). Celle d'Agapet, datée du même jour et du même lieu, reproduit presque textuellement la nomenclature des possessions de Saint-Marcel, que contient le diplôme impérial. Bien plus, le pape déclare nettement son intention de donner la sanction apostolique à la confirmation de l'empereur, « *quod in precepto filii nostri Caroli continetur* »; ce qui semble fixer l'ordre dans lequel les deux chartes auraient été primitivement rédigées. Quant à leur authenticité, elle est douteuse. On peut admettre qu'elles ne sont qu'une rédaction nouvelle de titres détruits, par un rédacteur ignorant qui s'est appliqué surtout à reproduire les renseignements utiles.

[2] L'original très altéré du diplôme de Charlemagne est conservé à la Bibliothèque nationale (*Coll. de Bourgogne*, vol. 75, nᵒ 4). M. Bruel, l'éminent éditeur des *Chartes de Cluny*, qui a bien voulu en faire le collationnement, nous en donne cette description : « L'écriture est carlovingienne, minuscule diplomatique penchée à longues hastes; la

et futuris, juvante Domino qui nobis in solium regni instituit principale quidem clementie cunctorum decet accomodare aure benigna, precipue que, pro compendio animarum a precedentibus regibus antecessoribus nostris ad loca ecclesiarum probamus esse indultum, devota debemus mente perpendere, et congrua beneficia, ut mereamur ad mercedem esse participes, non negare, sed robustis se majore per nostris oraculis confirmare. Igitur· magnificus vir Hucbertus [1], rector basilici Sancti Marcelli martiris, que ponitur sub oppidum Cabiloninsis urbis, ubi ipse preciosus Domnus in corpore requiescit, nostre celsitudinis intulit suggessionem eo quod antecessores nostri anteriores reges, vel bone memorie domnus et genitor noster Pipinus quondam rex, per eorum preceptiones integras emumitates ad ipso monasterio concessissent, aut in villas aut super terras ipsius monastirii, nullus judex publicus nec nulla judiciaria potestas, ad causas audiendum vel frida exigendum, aut fide jussores tollendum, aut mansiones aut paratas faciendum, nec nullas requisitiones requirendum, ibidem ingredere non deberent. Unde et ipsas preceptiones antecessorum regum, et confirmationes eorum jam dictus Hucbertus [2], nobis ostendedit ad relegendas, et ipsa beneficia moderno tempore adserit esse conservata. Set, pro firmitatis studium, peciit clementiæ regni nostri ut hoc denuo ad ipso monasterio nostra deberet auctoritas confirmare [3]. Cujus petitione, pro mercedis nostre augmentum, plena et integra gratia visi fuimus concessisse vestra comperiat magnitudo. Propterea ergo

première ligne est en caractères allongés. » Le nouveau *Traité de Diplomatique des Bénédictins* (t. III, pl. 67) en contient un fac-simile. La transcription du cartulaire, qui est sensiblement exacte, nous a conservé des passages que l'état actuel de l'original ne permet plus de déchiffrer.

1 et 2 La version du cartulaire et toutes les éditions portent, après *Hucbertus,* le mot *episcopus,* qui n'existe pas dans l'original. Il faut donc retrancher de la liste des évêques de Chalon *Hucbertus,* qui n'était que recteur de la basilique de Saint-Marcel.

3 Le passage qui suit : « Cujus petitione..... magnitudo », qui est omis dans Perry, le *Gall. Christ.,* l'*Orbandale,* le *Rec. des Hist. de France,* existe dans saint Julien de Balleure et dans les *Ann. eccl.,* de Lecointe.

jubemus, ut inspectatas ipsas priorum principum auctoritates, ut neque nos neque junioris seu successoris nostri nec nullus quilibet de judiciaria potestate in villas ipsius monasterii, quod presente tempore abere videtur aut in antea a deum timentibus hominibus fuerint conlatas aut conlaturas, nullus judex publicus ad causas audiendas, vel freda exigendas, aut fide jussores tollendum, vel mansionis aut paratas faciendum, nec nullas reddibutiones requirendum, ibidem ingredere non presumatis, nisi integra emunitate [1]. De omnes villas in quas libet adquisieritis simul atque aliquid junctis et bisjunctis redibutionibus, vel ubicumque in regno nostro habere videtur, tam de ingenuis quam et de servientibus cæterisque nationibus distrinjendum, nec nullas reddibutiones requirendum, ibidem ingredere non presumatis, set, sicut precedentium antecessorum nostrorum regum ad jam dicto monasterio usque nunc fuit conservatus, ita et deinceps per nostram auctoritatem generaliter maneat inconvulsum; et si, anteactis temporibus, per aliqua negligentia abbatibus, aut thepiditate rectoribus, aut presumptionum judicum, de ipsas emunitates fuerit minutatum aut raptum evulsumque aut extractum, nostris auctoribus et beneficiis restauretur, et ulterius quod consensimus neque vos neque junioris vestri infrangere nec violare non presumatis. Et si quis autem fuerit dux vel comes, domesticus, vicarius, seu qualiscumque judiciaria potestate succinctus, indulgentiam bonorum aut bonitate impiorum aut christianorum aut regum antecessorum nostrorum, ipsas inrumpere aut violare presumpserit, soledus sexcentus numerum se cognoscat esse culpabilem, ita ut duas partes in archivum ipsius monestirii reddat, et tertia parte ad fisci nostro sacello multa conponat, ut non delectet eis ultro qui rapit antecessores nostri aut boni Christiani concesserunt vel indulserunt ab impiis hominibus lacerare, et quidquid exinde fiscus noster potuerit sperare in luminaribus ipsius ecclesie Sancti Marcelli martiris, pro stabilitate regni nostri seu nostra subsequente progenie, proficiat in augmentum. Et ut hec auctoritas, tam presente quam et futuris temporibus, Deo adjuvante, firma

[1] Le passage qui suit : « De omnes..... presumatis » est absolument illisible actuellement dans l'original. Il manque dans toutes les éditions.

stabilitate debeat perdurare, subter eam signaculis propria mano decrevimus roborare.

Signum [1] Caroli gloriossimi regis, Vuigbaldus ad vicem canc[ellarii] scripsit et subscripsit [2].

Data pridie kalendas maias anno undecimo et quinto [3] regni nostri. Actum Haristalio.

Perry, *Hist. de Châlon-sur-Saône*, pr., p. 28. — L'illustre Orbandale, t. ii, part. vii, p. 69. — Saint Julien de Bal., *Ant. de Chal.*, p. 416, incomplet. — *Ann. eccl.*, de Lecointe, vi, p. 165. — *Gall. Christ.*, éd. 2, t. iv, inst., col. 223. — *Rec. des Hist. des Fr.*, t. v, p. 742. — *Diplomatique des Bén.*, t. iii, p. 669, pl. 67, incomplet. — Sickel, *Acta Karolinorum.*

4.

Carta Ludovici serenissimi imperatoris et regis.

27 juin 835.

In nomine Domini Dei et Salvatoris nostri Jesu Christi, Hludovicus divina repropitiante clementia imperator augustus. Si fidelium nostrorum justis et revocabilibus petitionibus, quas, pro ecclesiarum sibi commissarum necessitatibus, nostris auribus intimare voluerunt, aurem accomodamus, easque ad optatum effectum perducimus, non solum regiam et imperatoriam exercemus consuetudinem, sed etiam eosdem fideles nostros, ad fidelitatem circa partes nostras propentius conservandam, sacerdotesque ac servos Dei, in eisdem ecclesiis pro nostris excessibus Domini misericordiam exorantes, promptiores atque devotiores reddimus. Proinde notum esse volumus omnium sancte ecclesie nostrorumque fidelium tam presentium quam et futurorum industre,

---

[1] Place du monogramme.

[2] La souscription « Vuigbaldus..... scripsit » manque dans le cartulaire. Dans le diplôme original, les mots *scripsit et subscripsit* sont écrits en notes tironiennes.

[3] Les mots « undecimo et quinto regni » sont illisibles dans l'original du diplôme.

quia Garnius [1] comes, sub cujus cura atque regimine monasterium
. Sancti Marcelli, quod constat esse constructum in vico qui dicitur
Hubiliacus, commissum habemus, nostram adiens celsitudinem
indicavit mansuetudini nostre qualiter canonicis in eodem monasterio Deo deservientibus, quasdam res ejusdem monasterii ipse
et antecessores sui ad eorum diversas necessitates fulciendas atque
sublevandas tribuissent, videlicet villam quæ dicitur Floriacus,
sitam in pago Magnimontense, cum omni integritate sua vel cum
omnibus ad se pertinentibus, et in pago Cabilonense, in loco qui
dicitur Boserontis, mansos xii cum omnibus ad se pertinentibus,
obnixe nostram imperatoriam magestatis deprecans excellentiam,
ut eorum facta nostra roboraremus confirmatione, quatinus
deinceps inviolabilia perhennibus temporibus perseverent. Cujus
supplicationi, quia dignam judicavimus, annuere placuit, et quod,
ut predictum est, postulavit, ad effectum perducere non incon-
gruum duximus. Proinde hos nostre auctoritatis apices, erga
prefatos canonicos in memorato monasterio Domino per diuturna
tempora militantes, divino inspirati amore, fieri jussimus, per
quos decernimus atque sanccimus ut prescriptas res, videlicet
prænominate ville ac antedictos mansos cum omnibus ad se juste
et legaliter pertinentibus, sicut ab antedicto Warnio comite atque
prædecessoribus suis jamdictis canonicis colatæ sunt, ita, per hanc
nostram auctoritatem, in eorum jure ac potestate suis videlicet
usibus diversisque necessitatibus ad divinum propensius cultum
exsequendum famulantes, absque cujuslibet diminoratione aut
retractione, permaneant, et nullus successorum suorum, rectorum
videlicet predicti monasterii, ab eorum dominatione eas quoquo-
modo auferre aut in quamlibet partem quacumque occasione
transferre presumat, et liceat eis jamdictis rebus, ad Domini et
Dei nostri famulatum diligentius peragendum, absque cujusquam
contrarietate uti, et quecumque ad nos in Domini nostri Jesu Christi
militia usus et necessitates pertinent ordinare, exponere justeque
efficere, quatinus sublata omnis indigentie penuria, pro nobis ac

---

[1] Garnius pour Garinus. C'est le célèbre comte Guerin ou Warin,
qui joua un grand rôle comme comte de Chalon. A la fin de la charte,
son nom est écrit Warnius.

conjuge nostra proleque nostra, et pace et stabilitate tocius imperii a Deo nobis commissi, adtentius eos indesinenter Domini misericordiam exorare delectet. Et ut hec nostre confirmationis auctoritas perpetuam obtineat vigorem, de annulo nostro supter eam jussimus sigillare. Signum Hludovici serenissimi augusti.

Hirminmarus notarius, ad vicem Hugonis, recognovi. Data vi kl. aug., anno Christo propitio xxii imperii Domni Hludovici piissimi augusti. In Dei nomine feliciter. Amen.

Penny, p. 29. — *Rec. des Hist. de Fr.*, iv, p. 601.

5.

Privilegium Sancti Marcelli martiris.

7 octobre 878.

Joannes [1] episcopus servus servorum Dei, Adeodato venerabili levite et preposito monasterii Sancti Marcelli siti in territorio Cabilonense, loco Floriaco in vallis Magnimontensis atque Gibriacensis cum omnibus ad se pertinentibus ad prædictum locum Floriacum aspicientibus, et in Cabilonense similiter Boserontensis. Quia suppliciter peciit, cum cuncta congregatione Sancti Marcelli, tua devotio, quatinus apostolica auctoritate benigna compassione eidem loco privilegium de cunctis rebus ubiibi positis, cultis vel incultis, aquis, aquarumque decursibus, tam in Cabilonense, Belnense atque Magnimontense, ut supra dictum, et Divionense et Lugdunense confirmaremus, propter Deum piis petitionibus vestris inclinati, concedimus pio loco et vobis vestrisque successoribus supradicto loco, nonas quoque et decimas, eo modo quo antiqua consuetudo precedentium constat episcoporum, aut expectatur ab his intra quorum parochias sœpedicti loci habitatores jura

---

[1] Le pape Jean VIII séjourna à Chalon, en 878. Par une lettre du 28 avril de cette année (*Rec. des Hist. de Fr.*, ix, p. 162), il y convoqua Isaac, évêque de Langres, pour l'accompagner au concile de Troyes, qui se réunit au mois d'août en présence du roi Louis le Bègue. Pendant son séjour à Chalon, il fut dévalisé et fulmina une lettre d'excommunication contre les voleurs qui lui avaient pris ses chevaux et son argent. (*Idem*, p. 162.)

propria habere videntur, quippiam, secundum precepta regum, singulorumque hominum, donationes quæ ab aliis legaliter, ante donationem vel post, juste concessa videntur, supra nominatorum, sed ut securius et quietius in Dei servitio valeant permanere, ab omni volumus eos fratres ac spirituales cohabitatores pertistere. Nullusque de regibus, comitibus, aliisque regni primoribus cujuslibet cingulo dignitatis prepollens, audeat vel presumat his nostris propter Deum concessis petitionibus quocumque resultare ingenio atque modo, quoniam quod nos paterne compassionis affectu annuimus filiorum nostrorum debet assensu firmari, non, quod absit, superba revellione in aliquo temeraria resultari proterva transgressione. Concessum a Deodato levita, et indictione duodecima et cuncte congregationi suprascripti loci, residente in sede apostolica Domno Jhohanne anno sexto. Si quis contra hoc nostrum privilegium attentaret amodo, nisi intra certum tempus resipuerit, ire temptaverit, anathematis se vinculis canonice noverit colligandum.

+ Bene valete +. Nonas octobris, per manum Walperti humilimi episcopi sancte Portuensis ecclesie, anno propitio Deo pontificatus Dompni nostri Johannis summi pontificis et universalis PP. in sacratissima sede beati Petri apostoli vi. Indictione duodecima.

PERRY, *Hist. de Chal.*, pr., p. 32. — ORBANDALE, p. 70.

6.

CARTA TETBALDI COMITIS [1] CABILONENSIS.
1039-1065.

Ego in Dei nomine Tetbaldus comes Cabilonensium omnibus filiis sancte ecclesie in Domino salutem. Audivi a prædecessoribus meis et vicinis antiquis viris, quod nobilissimus comes Gaufredus, qui post mortem prestantissimi et christianissimi comitis, avii mei Lamberti, accepit ejus conjugem, aviam meam, Adheleydam comitissam, accessit ad beate recordationis abbatem Maiolum et

---

[1] Thibaut, comte de Chalon, succéda, en 1039, à son oncle Hugues Ier, évêque d'Auxerre. Il est probable que cette charte de confirmation est peu postérieure à cette date.

commendavit illi monasterium in suburbio Cabilonensium civitatis a Guntranno nobilissimo et religioso rege magnifice constructum, ubi requiescit corpus beati Marcelli martiris, eo tenore ut religionem monastici ordinis, que pene ibi abolita fuerat, reformaret, et jura et possessiones ad ipsum locum pertinentes excoleret, et ut ipse et successores ejus cluniacenses abbates monasterium perpetualiter haberent et possiderent. Hanc autem commendationem sive donationem fecit supradictus comes Gaufredus Domno Maiolo cum consilio conjugis suæ Adheleidis et filii ejus Hugonis, tunc clerici, postea episcopi, adnuente et laudante Hinrico duce. Postea vero, regnante serenissimo Rotberto, avunculus meus Domnus Hugo [1], comes et episcopus, presente ipso rege et comitibus et episcopis istius patrie, supradicti monasterii donum tradidit Domno Odiloni abbati, successori abbatis Maioli, ut ipse, jure antecessoris sui, locum haberet, teneret et possideret. Ego vero, gratia Dei, comes Tetbaldus, quod antecessores mei et parentes et Sancto Petro et loco Cluniacensi dederunt, laudo, volo et firmo, et uxori mee et meis fidelibus laudare et firmare facio, et, quamdiu vixero, testis et adjutor ero. Post meum discessum qui contra hanc institutionem venerit, iram Dei omnipotentis incurrere sese non dubitabit. S. Tetbaldi comitis, qui hoc testamentum laudavit atque firmavit, suosque fideles atque amicos firmare precepit. S. Ermentrudis ejus conjugis. S. Hugonis Duben. S. Hugonis de Monpaon. S. Ademari. S. Ansedei de Naviliaco. S. Widonis de Verduno. S. Tetardi de Reon. S. Hugonis. S. Rodlanni. S. Hugonis de Chasut. S. Olgoz. S. Gundranni Gombez. S. Olgerii. S. Gaufredi Toset [2].

Chifflet, *Lettre sur Béatrix*, p. 139. — Perry, p. 39, avec la date 1050. — Illustre Orbandale, p. 125. — Saint Julien de Bal., *Or. des Bourg.*, p. 418. — Duchesne, *Hist. de Vergy*, p. 38. — *Bibl. Cluniac.*, col. 314. — *Mabil. Act. sanct. sec*, v, p. 772.

[1] Hugues, comte de Chalon, fils du comte Lambert, élu évêque d'Auxerre en 999.

[2] La version de l'illustre *Orbandale* donne seule les sept dernières souscriptions.

7.

561-593.

Divina disponente gratia, servus servorum Domini Guntrannus rex, regnante Deo, universis sancte matris ecclesie filiis salutem. Quoniam culpis exigentibus tum ob immoderatam principum ingluviem, tum etiam ob negligentiam prelatorum et incuriam, celestibus fundatas obsequiis ecclesias heu pessumdari dolens video, videns que doleo, nec me cunctis provelle subvenire efficacem sentio; unam saltem, ne ad dominicam aream manu vacua redeam, pretiosissimi videlicet martiris Marcelli Cabilonensis, quam ei, Deo donante, construximus basilicam, solidioribus ditare prediis et ordinationibus munire officiis, disponimus. Censemus igitur regalique auctoritate roboramus quatinus inibi manentes servi ospitale construant. Solarium vero cum caminata, illi de Gergiaco et de Alciaco faciant, illi autem de Mercureis et de Canobis lobiam ædificant, de Floriaco quoque introitus ecclesie et secretarii, atque thesauri, monachi ibidem demorantes operatores mittant. Illi de Viriniaco ad claustri introitum preparandum dirigantur. Porticum sancti Petri illi de Rofiaco dimidiam partem, illi de Berineis et de Thapariaco et de Blaico, dimidiam. Cellarium illi de Arco et de Ogniaco et de Liliaco construant. Qui vero Trevis et Lingis habitant refectorium faciant; de Litua et de Scociolis atque de Oriengis et de Aquis cetera peragant necessaria. Hec autem sic disponimus ut quicumque ea turbaverint de libro vitæ deleantur. Amen.

Gall. Christ., éd. 2, IV, inst., col. 222, circa annum 577. — PERRY, *Hist. de Chal.*, pr., p. 22. — ORBANDALE, II, p. 68. Sub ann. 577. — SAINT JULIEN DE BAL., *Antiq. de Chal.*, p. 382. — LABBE, *All. chron.*, t. II, p. 402. — *Rec. des Hist. de Fr.*, t. IV, p. 625. Sub anno 584. — CAZET, *Mém. de la Soc. d'Hist. et d'Arch. de Chalon-s.-S.*, I, p.157.

---

[1] Cette rubrique n'existe pas dans le cartulaire.

8.

CARTA ROTBERTI VICECOMITIS CABILONENSIS.

988-999.

Cunctorum christianorum fides intelligit veridicum Salvatoris sermonem qui ait : nolite rapinam facere, nolite calomniari, sed facite helemosinam, et erunt omnia munda vobis. His verbis componctus, ego Rotbertus [1], vicecomes Cabilonis civitate, reddidi Deo et Sancto Marcello in Hubiliaco monasterio, cui preest Domnus Odilo abbas et Domnus Siefredus prior, per voluntatem senioris mei Hugonis comitis, hominem quendam Gunterium nomine, qui michi persolvebat debita et recepta propter se salvandum, et hoc tamen franchisie voce; sed aliquando rebellis fuit, ideo flagellavi, tam ipsum quam Sauriacum villam que est Sancti Marcelli, ubi ipse manebat, et ideo volo ut omnes sciant quod, ex hac die et deinceps, nec in ipso homine, neque in ipsa villa debitum aut servitutem aliquam requiram; quia, pro remedio anime mee, et illud quod accipiebam reddo Sancto Marcello, et de hoc quod injuste accipiebam culpabilem me esse cognosco. Si quis vero post hec per presumptionem repetere temptaverit, custodiat se ne iram Domini incurrat. S. Hugonis comitis. S. ipsius Rotberti. S. uxoris ejus Elisabeth.

9.

Werpicionem quam fecit Domnus Gauffredus Sancto Marcello et monachis qui ibi habitant, de decima quam ipse tenebat, et ipsam consuetudinem quam ipse requirebat, annonam, videlicet, et candelas, ut non sit ullus homo nec ullus christianus qui jam amplius ipsam consuetudinem requirat; et qui requisierit sit anathema in perpetuum. Amen. amen. amen. Fiat. fiat. fiat.

---

[1] Ce Robert, vicomte de Chalon-sur-Saône, mari d'Elisabeth, est désigné comme frère de Lambert, comte de Chalon, dans une charte du cartulaire de Paray-le-Monial. Ils étaient fils de Robert, vicomte d'Autun, mari d'Ingeltrude.

10.

CARTA HUGONIS COMITIS CABILONENSIS.

1077.

Notum sit omnibus tam præsentibus quam futuris, quod Domnus Hugo [1] Cabilonensium comes, pro remedio anime sue et predecessorum suorum, fecit donationem Deo et sancto martiri Marcello ejusdem que loci monachis, ut quicquid ex omni predicti martiris terra fratres acquirere quocumque modo potuerint, ex his videlicet quibus vel ipse vel antecessores ipsius eam dederunt, ejus sit firmum auctoritate robustumque auctoritate. Acta autem hec tempore Domni Hugonis Cluniacensis abbatis et Alvisi ipsius loci prioris, tempore Henrici [2] imperatoris alamannorum qui Bisantionis proximo nativitatis Domini mansit die, tempore quoque Philippi Francorum regis. Hanc autem cartam ipse firmavit et supra scriptos firmare rogavit. S. Domini Rocleni, episcopi Cabilonensis. S. Walterii de Neblens. S. Letbaldi cum filio suo Warulfo. S. Widonis de Paluel. S. Antelini filii Seguini de Belna. S. Willelmi de Casul et Jodceranni de Liman.

PERRY, *Hist. de Chal.*, pr., p. 43. — ORBANDALE, II, p. 126. — CHIFFLET, *Béatrix, comtesse de Chalon*, p. 181.

11.

CARTA DE MORILIACO ET VIVUMGIACO.

Circa. 1077.

Noverint cuncti, fideles præsentes et futuri, quod Hugo comes Cabilonensis, pro salute et remedio anime mee et patris mei Tetbaldi, cuncteque mee parentele, piscariam que est inter duos lacus Vivumgiacum et Morolegiacum, ubi quadam vice servientes beati Marcelli naves piscatorum Cabilonensium fregerunt, ipsosque piscatores, propter injustam captionem piscium quam ibidem faciebant, ceperunt, dono et werpio Domino Deo et beato Marcello omnibusque sanctis, et Domno Hugoni abbati Cluniacensi, et

[1] Hugues II, comte de Chalon, fils de Thibaut.
[2] Henri IV, empereur d'Allemagne.

fratribus sancti Marcelli, ut deinceps habeant et possideant per cuncta succedentia tempora.

PERRY, *Hist. de Chal.*, pr., p. 43. — ORBANDALE, II, p. 126.

12.

CARTA BERTUNNI
DE TERRA QUÆ EST IN VILLA SANCTI MAURICII.

Septembre 1020.

In nomine sancte et individue Trinitatis. Noverint cuncti fideles sancti Dei, quod ego Bertunnus et uxor mea Emma donamus aliquid de res nostros ad locum cui vocabulum est Hubiliacus, qui est situs in pago Lugdunense, juxta fluvium Sagonne, ante civitatem Cabilonensem, et est constructus in honorem sancti Petri apostoli, in quo et beati Marcelli martiris corpus quiescit. Hoc est unum mansum cum omnibus appenditiis suis, qui est in comitatu Cabilonensi, in villa Sancti Mauricii, hoc est jornales IIII^{or}, duo ex una parte ville, et duo ex altera, et prati duo, unus vocatur encran et alius enmarchia, et radam unam de silva. Terminatur autem supradictus mansus, ex una parte terra Siefredi, de alia parte terra Ramaldi, de fronte uno via publica, de alio fronte prata : infra istas terminationes quicquid visus sum habere totum ad integrum dono ad supradictum locum, sine ulla contradictione, pro remedio anime mee et uxoris mee, et fratrum meorum, et patris mei et matris mee, et omnium parentorum meorum, tam vivis quam defunctis. Si quis vero contra hanc donationem calumpniam inferre presumpserit, non valeat vindicare quod repetit, sed, invictus judiciaria potestate, auri libras x componat, et hec deinceps carta firma et stabilis permaneat cum stipulatione subnixa. S. Bertunni et uxoris ejus qui fieri et firmare rogaverunt. S. matris ejus ac filiis. S. Oddonis fratris ejus. S. Hugonis fratris ejus. S. Hugonis Grossi. S. Vialdi. S. Alambaldi. Ego frater Garnerius levita et monachus rogatus scripsi, mense septembri in feria II^a, regnante Roberto rege, anno XXIIII. Epacta XXIII [1].

---

1 Le cartulaire porte XXVIII. — En supprimant le chiffre v, nous avons rétabli la vraie date, qui est celle de l'épacte de l'année 1020, 24e du roi Robert.

13.

CARTA UMBALDI DE TERRA QUE JACET
ORATORIO, BAONE, GELCIACO, GRATELLE.

1. Avril 1016.

Quicquid pro amore gerimus divino in futurum nobis prodesse non dubitamus. Idcirco ego in Dei nomine Ubaldus dono Domino Deo et beatorum apostolorum Petri et Pauli et beati Marcelli martiris, ad locum qui vocatur Hubiliacus, ubi Domnus Odilo abbas preesse videtur, et ubi deget congregatio monachorum. Dono autem ad supradictum locum omnem hereditatem meam que jure mihi videtur advenire, ex patre scilicet meo et matre mea, curtilos, campos, pratos [cum] silvis, vineis, aquis, aquarumque decursibus, totum ad integrum dono ad jam dictum locum, pro remedium anime mee et pro remedium patris mei et matris mee, ut teneant ac possideant sine ullo contradicente. Jacet autem ista terra Oratorio, Baone, Gelciaco, Gratelle. Si quis autem hanc donationem calumpniare voluerit, non evindicet, sed coactus judiciaria potestate componat auri libras xxx, et sit pars eorum in inferno cum diabolo, et cum Datan et Habiron, et cum eis qui dixerunt Domino Deo : recede a nobis, scientiam viarum tuarum nolumus. S. Ubaldi qui fieri jussit et firmare rogavit. S. Arleii. S. Rainaldi. S. Bernardi. S. Jotceranni. S. Martini. S. Isnardi. Hec autem acta est carta in atrio Sancti Marcelli, kl aprilis, regnante Rotberto rege xx° anno. Data per manum Sigbaldi sacerdotis sub die k aprilis in feria III³.

14.

CARTA DE SAVRE.

Avril 1006.

In nomine sancte et individue Trinitatis. Ego Girberga et filius meus Beringerius donamus aliquid de res nostras in scamio Domino Deo et beatorum apostolorum Petri et Pauli, nec non et beati Marcelli martiris qui requiescit in monasterio qui vocatur Hubiliacus, juxta Segonnem fluvium, prope Cabilonem civitatem, et in presentia Domni Odilonis abbatis et Domni Siefredi qui regere videbatur supradictum locum, et in presentia omnium caterva monachorum qui ibi die et nocte deserviunt, tam ipsis quam illis qui futuri sunt post eos, ut teneant et possideant usque in perpetuum, juxta nostrum escamium. Est autem curtilus unus qui situs est in comitatu Lugdunense, in villa qui vocatur Sauriacus. Terminat autem ipse curtilus, de uno fronte Conster, et alio fronte bez percurrente, de uno latus terra Leteri, et de alio latus terra Sancti Marcelli. Et infra istas terminationes de nostra potestate in vestra transfundimus ad faciendum quicquid volueritis. Et si nos aut aliquis persona calumpniare voluerit, non evindicet, set fisco auri uncias III componat, et ista carta firma ac stabilis permaneat, cum stipulatione subnixa. Acta in villa Hubiliaco. S. Girberge et filii ejus Berengerii, qui fieri jusserunt et firmare rogaverunt. S. Bernardi. S. Dodonis. S. Ermindrici. S. Odgerii. Ego Sigbaldus humilis levita scripsi et dictavi, die kl. IIII [1], ad vicem Frodge, archichancellarii, in mense aprilis. Anno x regnante Rotberto rege.

15.

CARTA DE OLUNS.

1008.

Quicquid pro amore gerimus divino in futurum nobis prodesse non dubitamus. Idcirco ego in Dei nomine Teduinus presbiter dono aliquid de res meas quas abeo in villa Olonse; dono etiam Domino Deo et beatorum apostolorum Petri et Pauli et beati Marcelli martiris, pro remedium anime mee et patris mei et matris mee et fratris mei Tetberti; hoc sunt curtilus unus, campi, prati, [cum] aquis aquarumque decursibus, totum ad integrum dono ad supradictum locum cum exis et regressis, et cum cummunis totam medietatem, ut quamdiu vixero teneam ac possideam, et post obitum meum ad supradictum locum revertatur. Si quis autem heredum meorum contradicere aut calumpniare voluerit, non

---

[1] Cette date est douteuse. Bouhier a copié k junii, et la copie du fonds Saint-Germain donne kalendarum.

evindicet, sed coactus judiciaria potestate auri libram componat. S. Teduini presbiteri qui fieri jussit et firmare rogavit. S. Walterii. S. Gonterii. S. Foldradi. S. Wldri. S. Bertardi. S. Constancii. S. Odberti. Fidem fecerunt contra cancellario Conterius et Galterius. Data per manus Sigbaldi. Acta in atrio sancti Marcelli martiris, anno Rotberti regis xii.

16.

CARTA DE BAES.

993.

In nomine eterni Verbi incarnati, ego Heinricus, peccator, recognoscens pondus peccatorum meorum, audiensque a Domino dictum : date helemosinam et omnia munda sunt vobis, et sicut aqua extinguit ignem, ita helemosina extinguit peccatum. Idcirco dono Deo et Sancto Marcello martiri in locum qui vocatur Hubiliacus, qui est situs in pago Lugdunense juxta fluvium Sagonne, ante civitatem Cabilonensem, aliquid de res meas que michi obveniunt ex parte patris et matris mee. Hoc sunt curtiles duo qui sunt in villa Baeias, et unum servum nomine Radaldum, cum uxore sua Erberta et infantibus eorum. Terminat autem unus curtilus a mane terra Mamerii, a medio die terra Sancti Petri, a sero via publica, a certio de ipsa hereditate. Item alius curtilus terminat a mane via publica, a meridie terra Rainardi, a sero terra ipsius sancti Marcelli, a cercio via publica. Ab odiherna autem die faciant monachi ipsius loci quicquid facere voluerint. Si quis autem contradicere vel calumpniare voluerit, coactus judiciaria potestate auri libras duas componat, et deinceps firma et stabilis permaneat, cum stipulatione subnixa. S. Heinrici qui fieri et firmare rogavit. S. Faletrudis uxoris ejus. S. Rotberti presbiteri. S. Widonis. S. Bertiardi. S. Hivoni. Facta ista carta vi anno regnante Hugone rege. Teotmarus, quamvis indignus monachus, rogatus scripsit, ad vicem cancellarii.

PERRECIOT, *de l'État civil des personnes*, t. iii, pr. n° 2.

17.

CARTA DE TERRA QUE SITA EST IN FINE BAIACENSIVM.

Septembre 920.

Domino sacro sancte basilice Sancti Marcelli martiris Christi que est constructa in Hubiliaco villa, ubi ipse pretiosissimus martir in corpore requiescit, prope Cabilon castro. Igitur ego in Dei nomine Ewardus presbiter, dono ad congregationem Sancti Marcelli vineam cultam juris nostri, sita que est in pago Lugdunensium in fine Baiacensium, vel in ipsa villa Baygegias; terminat de uno latus et ambis frontibus strata publica, et de alio latus terra Leuterii. Infra istas terminationes totum ad integrum dono, trado atque transfundo ad ipsam congregationem tantum, et jam dicto de meo jure in vestra trado dominatione et potestate jure legitimo, ad habendi, donandi, tenendi, vendendi seu et commutandi, vel quicquid exinde facere volueritis, vos vel successores vestri, liberam hac firmissimam in omnibus et in Dei nomine habeatis potestatem, ad faciendum nullum contradicentem. Si quid vero, quod fieri minime esse credimus, si ego ipse aut ullus ex heredibus meis, vel quelibet ulla emensa opposita persona, que contra hanc donationem istam venire aut aliquam calumpniam generare ausus fuerit, non hoc valeat vindicare quod repetit, sed inferat illi suisque heredibus, una cum sacratissimo fisco, auri libram unam coactus exsolvat, et hec presens donatio ista omni tempore firma ac stabilis permaneat, cum stipulatione subnixa. Hec carta facta est in ecclesia Sancti Marcelli, ubi ipse pretiosissimus martir in corpore requiescit. S. Ewardi qui hanc donationem fieri vel adfirmare rogavit. S. Gisleranni, prepositi. S. Constantii decani. S. Wandalmari presbiteri. S. Ayrberti presbiteri. S. Amalerii presbiteri. S. Leutfredi presbiteri. S. Argaudi presbiteri. S. Balfredi diaconi. S. Constaboli subdiaconi. Sigevertus, ac si indignus presbiter, donationem istam rogatus scripsi et dictavi, die jovis in mense septembri, anno xx11° regnante Karolo rege.

18.

CARTA DE ORATORIO ET DE SINICIACO.
Juin 1016.

Igitur in Dei nomine Durannus et uxor mea vocabulo Rimodis notum omnibus hominibus tam presentibus quam etiam et futuris volumus fieri, quod in infirmitate maxima constitutus, ego videlicet Durannus, quendam terram Sancti Marcelli martiris, cujus sacratissimum corpus requiescit in territorio Cabilonensi, in villa Ubiliacensi vocabulo, quam in loco hereditatis parentes mei visi sunt actenus tenuisse, michique in loco hereditatis dimiserunt, sed sicut servientes predicto Christi militi frequenter mecum conquesti sunt, non solum illos quantum etiam me injuste eam non tantumodo, sed olim jam tenuisse, timens, in infirmitate maxima positus, ne dampnum aliquod pro ipsa terra anima mea detrimentumve sustineat, pro anime mee omniumque parentorum meorum remedio, reddo supra jam dicto loco quecumque tenere in villa Oratorii seu villa Siniciaco video. Facio autem in tali conventu istam donationem, ut quamdiu vixerimus ego et uxor mea ac filius noster Garinus, ipsam terram possideamus et teneamus, post nostrum vero discessum Sancto Marcello in monasterio proprio servientes teneant ac possideant, nullo contradicente sive calumpniam inferente. Quod si quis calumpniam inferre temptaverit, quod cupit non perficiat, sed magis coactus in publico fisco auri libras denas persolvat, et post hec cum Datan et Abiron, vel cum juda traditore, iram et maledictionem Dei omnipotentis incurrat. Amen. S. Duranni et uxoris ejus Rannodis, ac filii eorum Varini. S. Goncelini clerici. S. Constabuli. S. Marini. S. Gotberti. S. Bovonis. S. Barini. S. Salefrede. S. Gisleberti. S. Aldemeri. Data per manum Humberti sacerdotis et monachi, mense junio Rotberto regnante, anno vicesimo.

19.

CARTA DE TERRA QUE SITA EST IN HORATORIO VILLA.
1043.

Postquam culpa primi parentis a paradisi gaudiis humanum genus exitiatus, in hujus miserabilis secli cecitate dijectus, tene-

bris ignorantie circumdatus, nichil aliud poterat scire, nisi
semper temporalibus rebus inherere et temporalia sectare, donec
miseratio divina, carnem nostre mortalitatis induens, per incarnationis sue misterium mundo visibilis apparuit, cujus dona gra-
tiarum cum multiplicia maneant, ad humane vite exempla; tamen
illa specialiter vigent que sua gratuita misericordia tribuit mor-
talibus, videlicet ut unusquisque fidelium, de bonis sibi concessis,
valeat perpetuum acquirere regnum sibi. Igitur, in nomine Dei
omnipotentis, notum sit omnibus hominibus tam presentibus
quam et futuris, quod ego Eldradus et frater meus Warinus, per
omnia memores preceptorum divinorum, per consilium omnium
amicorum seu parentum nostrorum, donamus Domino et pretioso
martiri Marcello cum omnibus sanctis, et ad locum Hubiliacum, in
quo Domnus et reverentissimus Odilo abbas magis prodesse quam
preesse videtur, quemdam mansum qui est situs in episcopatu
Cabilonense, in loco Oratorio, cum omnibus ad se pertinentibus,
scilicet terris, silvis, cum omnibus cursibus, aquis, pratis, pascuis
et partum de uvanos [1] exitibus et regressibus quesitum et ad in-
quirendum, totum ad integrum, ut ab hodierno die ac deinceps
faciant ex his quicquid facere voluerint rectores ipsius loci, tenendi,
vendendi, donandi, scamiandi. Hec omnia dedimus et nostri parentes ante nos dederunt, sed nos temerarie ipsam donationem
distulimus et culpabiles nos reddimus coram Deo et sanctis ejus,
nam rectores ipsius loci omnes parentes nostros pro hac donatione
sepulture tradiderunt. Si quis autem hanc donationem calumpniare
voluerit, omnibus maledictionibus novi et veteris testamenti subjaceat, et deinceps hactenus permaneat hec firma et stabilius
consistet, cum stipulatione subnixa. Terminatur autem ipsud
mansum ex utraque parte via publica, et de una parte terra
Duranni de Gluniaco, et de alia terra Arleii de Oratorio. Hanc
donationem confirmamus et corroboramus et corroboranda tra-
didimus. S. Eldradi. S. Richerii filii sui. S. Warini. S. Ansiis.
S. Arlei. S. Leutbaldi. S. Hugonis. S. Amedei. Scripta est autem

---

[1] Uvanos ou Vuanos. Des copistes ont lu, par erreur, Portum, et
ont cru y reconnaitre le nom antique du hameau d'Ouroux, nommé le
Port, situé sur le bord de la Saône.

hec cedula per manus Gislardi cancellarii Sancti Marcelli, regante Domino Heinrico priore, anno ab incarnatione Domini nostri Jhesu Christi millesimo XLIII°, regnante Heinrico rege, apud nos autem in perpertuum Domino nostro Jhesu Christo.

20.

CARTA DEODATI DE TERRA QUE EST APUD VARENAS.
1031-1060.

Notum sit fidelibus cunctis, quod ego Deodatus dono Deo et sanctis apostolis ejus Petro et Paulo aliquid de heriditate mea, pro remedio anime mee et uxoris mee Adele et omnium michi consanguinitate conjunctorum, loco qui vocatur Hubiliacus, ubi requiescere videtur corpus martiris pretiosi Marcelli, cui et cum supradictis apostolis ipsam do hereditatem. Hoc est unum curtilum in Varenas, et unum mansum in Silviniaco, et cursum in sylvam ad triginta et unum porcum, absque ullius contradictione. Si quis autem calumpniare voluerit auri uncias tres componat, insuper omnibus maledictionibus subjaceat, que sunt in veteri et in novo testamento, et donatio mea firma et stabilis permaneat. S. Deodati qui fieri et firmare rogavit. S. Adele uxoris ejus. S. Arnaldi. S. Arleii filii ejus. S. Adacramni. S. Riculfi, et fratris ejus Bernonis. S. Bernardi. Facta est hec carta in monasterio Sancti Marcelli, regnante Vgone rege.

21.

CARTA ROTBERTI DE CHIRIACO.
1050.

In nomine Verbi incarnati notum sit fidelibus cunctis, quod Rotbertus, reminiscens peccatorum meorum enormitatem, dono Deo et sanctis apostolis ejus Petro et Paulo et Sancto Marcello martiri, aliquid de hereditate mea, videlicet unum mansum et quicquid ad ipsum mansum aspicere videtur, cum campis, silvis, pratis, aquis, aquarumque decursibus. Est autem ipse mansus in villa Chiriaco. Dono etiam servum unum nomine Durannum qui in ipsa habitat terra. Si quis autem hanc donationem calumpniare voluerit auri libram unam componat, et in antea nostra donatio firma et stabilis permaneat. Omnibus etiam maledictionibus que sunt in veteri et in novo testamento subjaceat, qui hanc donationem calumpniaverit. S. Rotberti qui fieri et firmare rogavit. S. Arleii. S. Hugonis. S. Berengerii. S. Ebrardi. S. Oddonis. S. Girardi. S. Dominici. S. Bertardi. S. Widonis. Facta est hec carta in Ubiliaco villa in monasterio Sancti Marcelli, regnante Heinrico imperatore, post transitum beate recordationis pii Odilonis abbatis ii° anno. Facio hanc donationem tali convenientia, ut, si vixero de ista mea infirmitate et heres ex me legaliter exerit, ego et heres meus teneamus, sin autem sine aliqua contradictione dimitto supradicto loco.

PERRECIOT, *de l'État civil*, etc., t. ii, pr. n° 3.

22.

CARTA DE RIXILIACO.

993.

Igitur in Dei nomine ego Rodulphus et filius meus Raculphus, wadiatores Oddonis fratris mei, donamus, ipso jubente, Domino Deo et Sancto Marcello martiri, ad locum qui vocatur antiquitus Hubiliacus, aliquid de res quas jure videbatur habere, pro remedio anime sue et pro loco sepulture, hoc est curtilum unum et vineam unam, in pago Cabilonense, in villa Rixiliaco situm. Terminat autem ipse curtilus cum vinea sua a mane et a meridie et a vespere et in circuitu de ipsa hereditate. Infra istas terminationes quicquid visus est habere in ipsa villa, hoc est in curtilo, in vinea, in campis et in alias res, eam partem que ei evenire debet omnia tradimus, nos wadiatores, ad locum jam supra dictum, et ad monachos ibidem Deo servientes, ut faciant quicquid facere voluerint. Si quis vero contradicere vel inquietare voluerit, coactus judiciaria potestate libras de auro componat iii, et deinceps firma et stabilis permaneat, cum stipulatione subnixa. S. Rodulphi wadiatoris et fratris ejus, qui fieri et firmare rogavit. S. Raculphi similiter wadiatoris, nepotis ejus. S. Adalardi presbiteri, nepotis. S. Tetrardi, levite. S. Osberti. S. Wilfranni. S. Adaleidis, sororis ejus. S. Johannis. S. Maini. S. Iosberti. S. Gunterii. S. Arberti.

Peractum est hoc anno vi regnante Vgone rege. Teotmarus monachus rogatus scripsit.

23.

CARTA RODULLI DE RIXILIACO.

994.

Dominis ac magnificis omnibus fratribus in loco qui vocatur Hubiliacus habitantibus monachis, emptores, Rodulfus et filii mei Raculphus et Osbertus, venditores, vendimus vobis aliquid de hereditate nostra, scilicet duos campos qui sunt siti in comitatu Cabilonense, in villa que vocatur Rixiliacus, in fine Geviliaco, accipientes a vobis pretium xv solidorum. Terminant autem ipsi duo campi in duos frontes via publica, in circuitu vero de ipsa hereditate. Ab hodierna vero die et deinceps faciant rectores ipsius loci, Deo et Sancto Marcello servientibus, quidquid facere voluerint, absque ullo contradicente. Si quis vero ex notris heredibus, vel aliquis introducta persona, quod minime credimus, inquietare voluerit, non valeat vindicare quod repetit, sed, coactus judiciaria potestate, auri libram unam componat, et deinceps firma et stabilis permaneat cum stipulatione subnixa. S. Rodulfi venditoris qui fieri et firmare rogavit. S. Raculphi, filii ejus. S. Osberti, fratris ejus. S. Maini. S. Johannis. S. Duranni. S. Iosberti. Actum est hoc in Hubiliaco vico, anno vii regnante Vgone rege cum prole suo Rotberto. Teotmarus tabellarius scripsit rogatus.

24.

CARTA ROTBERTI, WALTERII, GUIDONIS, PONCII, BERNARDI.

1039-1067.

Conditor et redemptor humani generis ad redemptionem hac reparationem nostram, qui per culpam primi hominis perditi eramus, non angelum non archangelum sed filium suum misit, in similitudinem carnis peccati, qui, pro nobis fundens proprium sanguinem, de potestate diaboli eripuit, claustraque inferni destruens, eos qui illic adventum ejus prestolabantur abstrahens, victor celos penetravit. Qui post resurectionem suam, per dies quadragenta cum discipulis conversatus, fide confirmans corda eorum, quadragesimo die, illis videntibus, celos penetravit, precipiens eis et dicens : ite, docete omnes gentes, baptizantes eos in nomine Patris et Filii et Spiritus sancti. Illi autem profecti predicaverunt ubique monita salutaria que ab ipso audierant, docentes eos resipisci a diaboli laqueis, peccata sua helemosinis redimenda, sicut Dominus per prophetam preceperat dicens : date helemosinam et omnia munda sunt vobis, et, sicut aqua extinguit ignem, ita helemosina extinguit peccatum. Hoc audiens ego Rotbertus, pro remedio anime mee, dono corpus meum vel hereditatem meam et quod mei juris esse videtur, videlicet mansum Hacheredium et omnia que in eo sunt, prati, silve, campi et aque, et terram Moncel, et ea que ipsius juris sunt. Dono etiam servos quos mecum dividebant monachi Sancti Marcelli, ac ancillas. Hanc autem convenientiam laudaverunt ac firmaverunt Wido, Walterius, fratres, Pontius et Bernardus, consobrini eorum, in tali tenore ut, quamdiu stare voluerint ac tenere terram hanc, vel aliam terram Sancti Marcelli que ei subdita est, sine aliquo provisore, excepto Tetbaldo comite, nos eis injuriam non faciemus neque calumpniam; quod si ab hac discesserint, eos nos se persequi sciant, usquequo in hanc terram, vel in nostram, Sancto Marcello servituri iterum revertantur. Hanc autem convenientiam fecimus coram domno Geraldo preposito hujus loci, qui magis videtur prodesse quam preesse. Si quis autem hanc cartam calumpniare presumpserit iram Dei omnipotentis incurrat, hac quindecim auri libras componat, et, si non resipuerit, cum Datan et Abiron in infernum tradatur. Amen. S. Hugonis. S. Dalmacii. S. Odonis fratrum filiisque Domni Arleii. S. Widonis. S. Walterii. S. Poncii. S. Bernardi qui hanc cartam fieri jusserunt ac firmaverunt.

25.

CARTA WITGERII.

Avant 1048.

In Christi nomine, notum fieri volo omnibus bonis hominibus, ego Wilgerius, qualiter passus inopia compulsus sum vendere alodium meum quod conquisivi de Adalberto et de Ansaldo. Est denique curtile unum cum mansione desuper constructa, et vinea insimul tenente, que terminatur de uno latus de ipsa hereditate, et de alio latus Sancti Vincentii, de uno quoque fronte via publica, de alio vero fronte Sancti Marcelli. Igitur infra istas terminationes cum omni super posito et vineam, monachis Sancti Marcelli martiris, in quo loco dompnus Odilo abbas preesse videtur, atque Siefredus prior, cum omni integritate vendimus, ego predictus Witgerius et uxor mea Ostrevergis et filii mei Rotgrinnus scilicet et Ainardus atque Rainardus, et accepimus ab ipsis rectoribus Sancti Marcelli denariorum solidos xx, et jam dictas res de nostro jure in eorum tradimus dominatione, arbitrio atque potestate, ad habendum regendum atque disponendum, absque alicujus inquietudine vel contradictione. Si autem heredum nostrorum aliquis, aut in presenti aut in futuro, contradicere hanc venditionem a nobis factam, aut aliquid proclamare presumpserit quecumque persona, nil valeat adimplere quod repetit, sed coactus fisco comitale auri uncias componat decem, et hec venditionis cartula a nobis facta firma et stabilis permaneat in eternum. Actum vero Hubiliaco in atrio Sancti Marcelli martiris. S. ego quidem Witgerius qui hanc cartam fieri jussi et firmavi hac firmare rogavi. S. Ostrevergis uxoris ejus, qui consensit. S. Rogrinni, filii ejus. S. Aynardi, filii ejus. S. Rainardi, filii ejus, qui consenserunt. S. Constantini, judicis.

26.

CARTA FULCHONIS.

994-1048.

In nomine eterni Verbi incarnati. Ego Fulco peccator sacerdos tamen indignus, recognoscens pondus peccatorum meorum, audiensque a Domino dictum : date helemosinam et omnia munda sunt vobis, et sicut aqua extinguit ignem ita helemosina extinguit peccatum. Idcirco dono Domino Deo et beato Marcello qui ibi requiescit in loco qui vocatur Hubiliacus, qui est situs in pago Lugdunense juxta fluvium Segonne, ante civitatem Cabilonem; hoc est area una intra muros civitatis Cabilonensis posita. Hanc donationem facio ad supradictum locum in presentia domni Odilonis abbatis, et in presentia omnium fratrum qui modo ibi sunt, et qui venturi sunt post eos, pro remedium anime mee et omnium parentum meorum. Terminat autem ipsa area de uno latus terra Sancte Marie, et de alio terra Sancti Petri, et de alio terra Berardi et Richardi, et ex alio latus via publica, et infra istas terminationes dono ad supradictum locum et ad supradictos fratres, sine ullo contradicente. Si quis autem contradicere voluerit hanc donationem vel calumpniare, coactus judiciaria potestate auri libras III componat, et deinceps firma et stabilis permaneat, cum stipulatione subnixa. Et si quis in illa mansione manere voluerit, omni anno in festivitate Sancti Marcelli denarios VI investitura solvat.

27.

CARTA DE SCOCIOLA.

Juin 924.

Noticie plurimorum evidenter patescit, Warulfum quemdam virum nobilem ac strenuum, munificentiam Ermengardis [1] comitisse et deo devote, seu filii ejus Gisleberti comitis illustris, supplicaturum adisse, petens sibi suoque filio equivoco ejus Warulfo, eorum largicione quasdam terrulas ex ratione Sancti Marcelli martiris sub manu firma largiri. Sunt autem consistentes in pago Matisconensi, in loco qui dicitur Scociola; in primis curtilus cujus terminatio est ex una parte terra prefati Warulfi, in alio latus terra Sancti Vincentii, in tercio vero Bernardi de Bria, in quarto autem via publica. Ipsum autem curtilum cum servo nomine Constancio cum uxore sua Teutberga, et omnes terras in eodem loco et circumquaque adjacentes, inquisitas et inquirendas, de eadem ratione, in diversis finibus et villis, pretaxata Ermengardis comitissa et filius ejus Gislebertus prefato Warulfo et iterum Warulfo, temporibus vite eorum habendas et possidendas, libenter, animo volenti, sub sensus deffinitione, sunt largiti, ita ut festivitate Sancti Marcelli, ad ejus luminaria concinnanda, XII denarios sine retardatione persolvant, decimas vero de rebus indominicatis usibus canonicorum adtribuant; si autem de censo prefinito neglegentes

---

[1] Ermengarde, veuve de Manassés de Vergy, comte de Chalon, et mère de Gislebert de Vergy, aussi comte de Chalon.

extiterint, in duplum restituant, et rerum istarum possessores continuatim existant. Hujus autem decreti testamentum prelibati largitores, cum consensu canonicorum Sancti Marcelli, solempniter roboraverunt. S. Ermengardis que fieri et firmare rogavit. S. Gisleberti qui consensit. S. Bernonis prepositi Sancti Marcelli. S. Amalerius decanus. S. Folradus. S. Gislerannus. S. Levtfredus. S. Sievertus. S. Adzo. S. Aldricus preconstabulo. S. Argaudus. S. Teothardus. S. Ragenfredus. S. Eldrannus et Ragemfredus. S. ego Leotardus humilis levita qui scripsi et ditavi, die sabbati [1]; ad vicem Trutbaldi archicancellarii, in mense junio, anno I. regnante Rodulpho rege.

PERRECIOT, *de l'État civil*, etc., pr. n° 1.

28.

CARTA DE SANCTO LAURENCIO.

20 mai 873.

† Remigius Sancte Lugdunensis sedis archiepiscopus, et cum eo Ado reverentissimus archiepiscopus Viennensis, Liudo quoque Augustudunensis episcopus, necnon et Girbaldus Cabillonensis, Bernaldus etiam matiscensis, reverendi episcopi, sed et Leuboinus, corepiscopus Lugdunensis, simul que acceptabilis multitudo canonicorum ac monacorum, archidiaconorum, abbatum, ac reliquorum ordinum, secundum Dei voluntatem, in suburbio Cabilonensi nobiscum congregata, apud basilicam Sancti Laurentii que juxta menia civitatis ejusdem constructa est, omnibus Christum per orbem quadrifidum adorantibus, pacis concordieque munus. Notum sit cunctis quod, residentibus nobis in eadem ecclesia ante fati martiris nomine insignita, anno Dominice incarnationis DCCC. LXXIII, regni Domni Karoli III, post mortem nepotis sui Lotharii, in Burgundia; venit igitur in ipso concilio quidam presbiter nomine Leuterius, prepositus et advocatus canonicorum sancti Marcelli martiris, et, stans in medio sinodi, monstravit nobis, per privilegia ejusdem loci, ipsam ecclesiam in qua residebamus, a regibus ipsius loci constructoribus, ex consensu episcoporum

[1] Le 1er samedi de juin 924 correspond au 5 dudit mois.

Cabilonensis civitatis, fuisse tributam, eamque injuste, per incuriam et negligentiam, perditam haberent; de qua re domnum et fratrem nostrum preclarum, videlicet virum Girbaldum episcopum, interrogantes quid ei placeret, ut justis rebus fuit semper annuens, dixit : si hec a nostris antecessoribus jam dicto loco donata, ut superna nobis patescerent limina, hec ipsa ex nostra parte dare debuissemus ei donaria, sed quia hujusce cause evidentia nobis monstrantur scripta quod eatenus a nobis ipsa tenetur ecclesia, decernat sanctitas vestra quid nos conveniat agere. Cujus verba audientes, ex ipsius cuncteque illius congregatione canonicorum consensu, judicavimus Sancto Marcello ipsam ecclesiam reddi. Atque, ut deinceps illi servientes possiderent, cunctum concilium nostrum per has litteras laudavit et firmavit, hac in ipso tomo contradixit, ut quicumque clericus vel laicus contrariare presumpserit, humanis legibus convictus etiam divinis usque ad emendationem sub anathemate foret. Hanc autem scripturam fieri precepimus, ac, ut futuris temporibus teneatur, manibus roboravimus.

Remigius, humilis episcopus. S. Ado, Viennensis episcopus. S. Liudo, Sancte Eduensis episcopus. S. Bernaldus, Matiscensis episcopus. S. Girbaldus Cabilonensis episcopus. S. Lebonius corepiscopus. S. Heriboldus monachus. S. Herpinus abbas. S. Eudo humilis abbas. S. Teodbertus diaconus. S. Gondrannus presbiter. S. Bertras diaconus. S. Gontardus abbas. S. Levifingus archidiaconus. Data anno incarnationis Dominice DCCC LXXIII° [1], regno Domni Karoli in Burgundia III°. XII k jun. Marcellus non meritus levita scripsit et roboravit, in Dei nomine feliciter, amen.

Concil. Labbe, t. IX, col. 251. — *Concil. Hard.*, t. VI, col. 237. — *Gall. Christ.*, éd. 2, t. IV, instr., col. 224. — PERRY, *Hist. de Chal.*, pr. 31.

---

[1] La date primitivement transcrite DCCCIII a été complétée par les chiffres LXX placés au-dessus de la ligne, d'une écriture contemporaine.

29.

CARTA DE ALBINIACO.

† Mundi terminum appropinquantem ruinis crebrescentibus [1] jam certe signa que evangelicus sermo predixit, manifestantur. Idcirco ego Durannus, pavens illud tremendi examen judicii, diem qui venturus est, velud clibanus ardens recipiens unusquisque prout gessit sive bonum sive malum, et reminiscens benignam vocem illam Domini dicentis : date helemosinam et omnia munda sunt vobis; et iterum sancta scriptura alio loco dicit : sicut aqua extinguit ignem, ita helemosina extinguit peccatum; ideo, cupiens illa incogitabilia evadere tormenta que apud inferos preparata sunt impiis, propterea dono aliquid ex rebus hereditatis mee Domino Deo et beato Marcello domino meo suisque monachis, pro anime mee remedio, seu patris ac matris mee bolitione, terminum [2] alodium juris mei qui est situm in pago Cabilonense, et in fine Albiniaco, in loco qui vocatur Admaverba [3], cum vinea integra. Terminatur autem ipsa vinea de subteriori fronte via publica, de superiori vero fronte terra Sancti Marcelli, de ambis quoque lateribus alodum servorum Sancti Marcelli terminare videntur; videtur denique extindere in longitudine ipsa vinea perticarum xxxii et pedes iiii, et in latitudine de subteriori perticarum decem et de superiori fronte perticarum septem. Infra istas terminationes et perticationes, sicut hic insertum est, cum omni subintegritate, et absque alicujus calumpnia vel contradictione, dono et trado ego predictus Durannus Domino Deo et beato Marcello domino meo suisque monachis, tali interposita ratione ut, quamdiu Dei miseratione vitales abuero aures, teneam et possideam et singulis revolventibus annis, investiturie loco, dimidium modium ipsis rectoribus Sancti Marcelli persolvam ex musto, et corpus meum in cimiterio Domini mei recipiant loco, atque ex illo die et hora eandem vineam teneant et possideant,

[1] Les mots mundi terminum appropinquantem..... indiquent une date antérieure à l'an 1000.

[2] La version de Bouhier a supprimé bolitione, terminum.

[3] Peut-être ad Maverba.

atque disponant per secula cuncta. Si quis autem heredum meorum, aut in presenti aut in futuro, aliquid inclamare presumpserit, non valeat adimplere quod repetit, sed coactus judiciaria potestate, fisco comitale persolvat argenti libras centum. Et ut carta donationis a me facta firma et stabilis permaneat, manibus propriis eam subter firmavi et parentibus et amicis meis firmare rogavi. Actum in atrio Sancti Marcelli. S. Duranni qui hanc cartam donationis fieri et firmare rogavit. S. Rainaldi. S. Constantini.

PERRECIOT, pr., n° 12. Circa 1093.

30.

CARTA DE LETVA.

Notum sit omnibus tam presentibus quam futuris, quod ego Tetbaldus comes, pro remedio anime mee patrisque mei ac matris, omniumque parentum meorum, dimitto villam quandam que vocatur Letva [1] Domino et sanctis apostolis ejus Petro et Paulo sancto que martiri Marcello, cujus etiam alodium fuerat, sed ei antecessores mei violenter abstulerant, quam ego jure hereditatis videbar possidere. In tali igitur tenore hanc donationem facio ut quamdiu quedam sanctimonialis, parens mea nomine Ermensendis, vixerit, teneat et possideat hoc quod in vita mea habere videbatur. Post mortem autem ejus omnia ex integro sanctus Marcellus habeat atque possideat. Si quis autem hanc donationem calumpniaverit vel fraudare voluerit beato martiri Marcello, sit hereditas ejus cum Datan et Abiron in inferno, quos vivos terra obsorbuit, et cum Juda qui dominum magistrumque tradidit, si non cito penituerit vel resipuerit.

Post mortem vero Domni Tetbaldi comitis, hanc donationem filius ejus Hugo, in manu Domini Hugonis abbatis tradidit, laudavit atque firmavit, presentibus omnibus qui ibi tunc placito eorum interfuerunt, hanc que donationem firmaverunt et laudaverunt, videlicet Domnus Agano, Eduensis episcopus. Hugo Deuben. Willelmus Tihernensis. Wichardus Borbonensis. Wichardus de Bellogaudio. Postea vero, in curiam Cabilonensem, presente

___
1 Peut-être Letua.

Domno Sigualdo, priore Cluniacensi, et Geraldo preposito sancti Marcelli. Iterum idem ipsi firmaverunt et laudaverunt. S. Hugonis filii ejus. S. Hugonis Deuben. S. Willelmi Tihernensis. S. Wichardi Borbonensis. S. Wichardi de Bellogaudio. S. Widonis Deudini. S. Achardi episcopi. S. Gaufredi de Sinemuro. S. Rocleni. S. Landrici. S. Rodulphi prepositi. S. Seguini filii ejus [1].

Chifflet, *Lettre sur Béatrix*, pr., p. 179. — Perry, pr., p. 39.

31.

Carta de Treva [2].

1073-1085.

Quoniam antiquus anguis fideles semper lacessere semper appetere parat, curandum summopere evadi qualiter queat, qui etiam, si aliquando prevalere potuerit, nequaquam ideo desistendum, quin imo acrius resistendum, quo conculcari ipso suffragante possit, qui eundem cirographo ablato in semetipso triumphavit, suosque nichilhominus triumphare concessit, sed numquam validioribus armis quam a Deo homine devictus subjugari valebit. Que autem illa sunt sciri impromptu est, cum et caritate Deus terras peciit, humilitatem cum karitate verbo et opere docuit, seque usque ad mortem humilians, karitate que idem est dispendium mortis perferre non abnuit. Quisquis ergo se inferiorem miserrimumque omnium, juxta psalmiste vocem, crediderit, totaque mente id quod, culpa exigente, perdidit, amare desideraverit, nec dubium quin plurimam predictarum virtutum gratiam consequtus, victor quandoque hostis sevissimi, Christo favente, reddatur. O quam beati quibus his insistere quibus videre quam

---

1 La date de cette charte correspond au règne de Thibaut, comte de Chalon, de 1039 à 1065. La confirmation du comte Hugues est antérieure à 1070, année de la mort d'Achard, évêque de Chalon, dont le nom figure dans les souscriptions.

2 La date de cette charte doit être placée entre l'avènement du prieur Alvisus, dont la première charte datée est d'avril 1073 (ch. 39), et 1085, année de la mort de Hugues de Montfaucon, archevêque de Besançon ; Perreciot la place « circa 1072 ».

suavis est Dominus vacat, sed qui per abruta persepe aguntur, qui
ad prefata minus idonei inveniuntur, eorum qui his inherent suf-
fragia expetere subsidia ardentius expedit implorare. Qua ex re,
ego Hugo, dominus castri quod Trevas nuncupatur, miserabilem
omnimodis me cognosco, presertim cum, antecessorum meorum malesana sequtus vestigia, omnipotentis Dei et Sancti Marcelli martiris jus proprium diu multumque injuste possederim.
Hec itaque, aspirante Deo, qui non vult mortem peccatoris sed
ut convertatur et vivat, ecclesiam sub honore tanti martiris in
prefato construxi castro, eamque regi Christo universorum domino,
et beato apostolorum principi Petro atque inclito martiri Marcello,
monasterioque ipsius quod secundo a Cabilonis situm est miliario,
ubi Alvisus prior preest, tradidi, quatinus et ipsa et quicquid nunc
eidem confero, ut in posterum aut ipse aut subsequentium michi
quisquam conferre voluerimus, ad antecessorum meorum remedium proficiat, michique cum stirpe propria, tanto interveniente
martire, venia et requies non denegetur eterna. Si qua vero persona deinceps huic loco, vel proprii juris, vel quod sancti martiris
quondam extiterit, quippiam conferre voluerit, omnem libertatem
sibi concessam in perpetuum noverit. Igitur prefatam ecclesiam,
sicut jam dictum est, offero, et viridiarium eidem adjacens et
quicquid ad eandem ecclesiam in posterum pertinere potuerit.
Monachis autem ibidem degentibus piscariam propriam et silvam
ad omnes usus eorum animaliumque ipsorum dono, hominibus
quoque illorum similiter; terram etiam ad unam carrucam et
quatuor mansos de alodio, qui fuerunt Hugonis filii Fulchardi,
tribuo. Acta sunt autem hec in conspectu Hugonis, Bisontini pontificis, eodem ad ista favente, atque laudantibus filiis meis Girardo
archidiacono, Widone, Hugone et Gisleberto. Signum domni
Hugonis, qui hanc cartam fieri jussit et testes subscriptos firmare
rogavit. S. Domni Hugonis archiepiscopi Bisontini. S. Domni
Mamerii fratris ejus. S. Domni Alvisi prioris.

PERRECIOT, t. III, n° 4, a publié la deuxième moitié de cette charte.

32.

CARTA DE ANCE.

Presentis et futuri temporis hominibus per hoc scriptum notificare cupimus, quod Pontius de Blasiaco, et Wernerius filius suus, et Wido de Puncta, et Wido Varrellus, dederunt et concesserunt Hugoni duci Burgundie [1], uxore sua vidente, medietatem ville que a vulgo Ance vocatur. Prefatus etenim dux donum sicuti accepit, videntibus prefatis militibus, Domino Deo atque sancto Petro et beato Marcello, dedit atque concessit. Hoc autem divulgandum est non celandum quod predicti milites, quando hoc donum fecerunt, prelocutus Pontius, de quo predicti milites quod habebant in villa tenebant, villam esse beati Marcelli martiris juris cognovit. Hi etenim milites, per manum prenominati ducis Burgundie, promiserunt, quod si aliqua calumpnia inde nasceretur garantiam portarent. Ut hoc autem donum firmius teneretur nec aliqua calliditate perverteretur, Hugo, monachus, prior Floriaci, de generalitate fratrum beati Marcelli martiris, iiii° libras et duos denarios Widoni de Puncta et Widoni Varrello dedit. Insuper autem prelocutus dux et uxor sua venerabilis, ut res melius sederet, xx solidos eisdem militibus dederunt. In hac autem villa, antequam donum hac fieret, prefatus martir Marcellus, extra omnem partem, decimas dimidias ipsius ville, et placitum generale hominum suorum, et censum qui vulgo ublie vocatur, habebat et habet. S. Hugonis ducis Burgundie, Matildis, uxoris sue. Hugonis prioris [2]. Walterii Gibriaci prioris. Pontii prioris de Truant. Havini Acelli. Maifredi de Arcu. Hugonis Blasiaci. Ulrici de Mediolano. Warnerii filii majoris Floriaci. Baldini. Ameni. Tetbaudi capellani. Widonis famuli. Si quis autem adversarius vel Dei inimicus hanc cartam destruere voluerit, crudeli morte sub anathemate vitam finiat, et cum juda traditore Domini penas inferni perhenniter possideat. Amen.

---

[1] Hugues II, de 1102 à 1142.

[2] Cet Hugues était probablement prieur de Fleurey.

33.

CARTA DE FLORIACO.

1075 [1].

Adversari sibi invicem carnem atque spiritum apostoli edocet testimonium, ad finem usque secli etiam spiritates a carnalibus inremediabiliter infectari, multiplices sententie divinorum astruunt eloquiorum. Non debet ergo fidelis anima, que in unum Deum verum et incomutabilem, mutabilia pro locis ac temporibus aptissime variantem credit, eventuum dissimilitudine moveri, et quasi turbine quodam consilium dispositoris mirando circumferri, cum ipse in presenti non pro magno prospera, quin etiam adversa, pro affectu se tribuere, tali asserat testimonio : ego quos amo, arguo et castigo. Ad quid autem ista ad medium deduxerimus sequens declaravit sermo. Ecclesia Floriacensis super oscaram fluviolum sita olim fuit juris Sancti Marcelli, tradente eam illi, cum aliis multis opulentis prediis, pie memorie Guntranno rege, fundatore monasterii quod tegit sepulcrum jam dicti martiris. Verum idem cenobium primitus, juxta religiositatem constructoris, in omni honestate dispositum, post modum vero, per inhabitantium socordiam, paulatim ad perversos mores et superbiam prolapsum, fallere nequivit justissimi judicis oculum, quin etiam in presenti lueret penas ad inventionum suarum, conflagrantibus unguaris et villam et oratorium rapientibus quoque quicquid inibi est repertum. Discedentibus autem illis, adhuc ex vindicta divine animi adversionis violenti, quique distraxerunt sibi fundos ad eumdem pertinentes locum, ut pote ceso capite membra passim exposita pro libitu vicinos quisque sibi diripuit, interque et memorata ecclesia ad sortem dirimentium devenit. Set quia iniquorum contumacia, hoc modo prostata, beati martiris sepulcrum debito obsequio usquequaque frustrari non debuit, longo post tempore, ruine ejusdem loci sancto Maiolo commisse, ac Cluniensium fratrum tradite dispositioni, quantum ad priorem gloriam et posteriorem delectionem mediocriter sunt resti-

---

[1] Cette charte est de 1075, année de la mort de Hugues II, comte de Chalon, et de l'avènement de Hugues Ier, duc de Bourgogne.

tute ab ipsis. Tandemque, tempore Domni Hugonis abbatis[1], cum eundem locum regeret Alvisus prior, in perquirendis sancti martiris rebus sagaciter promptus, factum est colloquium, in castro quod Paluel dicitur, Burgundionum principum, in quibus erat Dux Hugo et comes Willermus trans ararim tenens principatum, atque Kabilonensis comes Hugo, et multi alii inferiorum dignitatum. Tum igitur jam dictus prior, oportunum ratus ut in conventu tantorum virorum de injuria sancti patroni conquereretur, et maxime quia in prefata ecclesia Rotbertus dux nuper dedecorose obierat, atque hec res quamplurimos populares terruerat, pro illa potissimum rogaturus, accessit. Tantam igitur gratiam Dominus, cooperante beato martire, servo suo tribuit, ut unanimiter omnis cetus primatum instaret quatinus sepedicta ecclesia monachis redderetur. In primis ergo dux Hugo quicquid predecessores ejus inibi usurpavere dimisit et abjecit. Deinde Kabilonensis comes Hugo, qui de eo illam jure beneficii tenere videbatur, a se reppulit, de commisso quoque similiter veniam postulavit. Girardus etiam de Fonvend ac nepos ejus Humbertus Rufus, qui de comite eam habebant, similiter dimiserunt. Wido vero de Mediolano et Hugo frater ejus, partim remunerationem commodi temporalis pro hoc suscipientes, partim quod in monasterio ambo sunt recepti, illud quod ibi calumpniose querere videbantur, reliquerunt : apud Widonem nichilominus de Sumbornun, avunclum suum, effecerunt, potiorem partem ei largiendo de aliis possessionibus, ut ipse quoque id quod predecessores suos ibi tenuisse dicebat, relinqueret. Warulphus itaque et filii ejus, Oddo Grandis et uxor ejus, Hugo de Javagci et uxor illius, Arnulphus de Mediolano, uxor Walterii de Gurziaco cum tribus suis filiis, omnes isti diversis temporibus, diversis occasionibus, Deo ac Sancto Marcello quicquid ibi calumpniabantur, coram idoneis testibus, dimiserunt; annuente idem episcopo Lingonensi Hugone, et dante licentiam mutandi quoque ipsam ecclesiam quocumque voluntas prioris et fratrum fuerit. Perpendat igitur temerator rei tantis inplicationibus expedire quantam summo judice merebitur confusionem, qui tantum quem in servis

---

1 Saint Hugues, abbé de Cluny.

suis perpessus est, voluerit defraudare laborem. Re enim vera, sicut in servis suis et auditur et spernitur, ita in eisdem et laborat et reficitur.

PERRY, pr., p. 42. — DUCHESNE, *Hist. de Vergy*, pr., p. 79, fragm. — ID., *Hist. des Ducs de Bourgogne*, pr. 19, fragm. — SAINT-JULIEN DE BALLEURE, p. 453, fragm. — *Ann. Bén.*, v, p. 471.

34.

CARTA DE FLORIACO.

1004.

Notum sit omnibus tam presentibus quam futuris, quod Hugo [1] dux Burgundie, Oddonis filius, calumpniam faciebat de servitute super quibusdam hominibus, in hobedientia sancti Marcelli que vocatur Floriacus. Unde prior sancti Marcelli sepius ipsi Duci et prudentibus viris ejus querimoniam fecit, donec, temporum successione, ad domnum Hugonem venerabilem, Lugdunensis archiepiscopi nomine similiter Hugonis nepotem, ventum est, qui et ipse prior predicti loci de eadem calumpnia sepius conquestus est. Post multas querimonias contigit eundem priorem, Hugonem videlicet, ad predictam villam venisse, causa placitandi cum quodam milite, et in eadem villa, per quam transitus erat, Duci ospitium prebuisse, ubi, per prudentes viros, videlicet Iotcerannum, cantorem Cabilonensis ecclesie, Rainerium Ducis dapiferum, et Teccelinum agnomine Sorum, et Bernardum de Monteforti, et Warnerium de Sumbernone, atque Milonem de Frolles, et Achardum de Castellione, Hugonem Canlardum, Rainaldum de Jussiaco, Gotfridum et Fredericum de Castellione, Rotbertum de Nui, Oddonem prepositum, Ducis familiares, ipse prior accessit ad Ducem rogans eum ut calumpniam predictam derelinqueret, ut et pater suus et ipsemet peccatorum suorum remissionem a Deo suscipere mereretur. Consilio igitur predictorum suorum familiarorum, Dux ipse persuasus et divino timore perterritus, recognoscendo peccatum patris sui et suum, dixit se facturum quod prior expectebat, tali tamen tenore ut in hoc seculo

---

[1] Hugues II, duc de Bourgogne, fils d'Eudes Ier.

aliquod terrenum munus susciperet, et in futurum pater ejus et
ipse eternam mercedem adquirerent. Dedit ergo ei prior palefridum
unum et ducentos solidos divionensis monete, et insuper, quod
ipse valde desiderabat, et pro quo potius hoc placitum fecit,
anniversarium patris ejus constitutum est fieri semper et in antea,
apud ecclesiam sancti Marcelli, a priore et a ceteris fratribus qui
ibi manserint, et pauperem unum pro utroque, patre scilicet et
filio, in supradicta hobedientia, videlicet Floriaco, omni tempore
pasci. Hoc placito, hinc et inde concesso et firmato, accessit ipse
Dux ad ecclesiam de Floriaco, tempore Paschalis pape, quarta
feria pascalis ebdomade, et, videntibus et comprobantibus prenomi-
nalis viris, et aliis multis, stans ante altare, dimisit et dere-
linquit et dedit, si quid juste in predicta calumpnia habebat, ne
amplius quicquam quereret super illos viros et mulieres qui illo
tempore vivebant, quorum nomina sunt hec : Odilo, Warembertus,
frater ejus, Stephanus, Gausbertus, Guntardus fratres, filii Blialdi;
Petrus Decanus, Aimo, Ainardus, Walterius, Blialdus fratres,
cum uxoribus et sororibus eorumdem, et tota progenie que pro-
creata erat, et deinceps procrearetur ab illis. In eodem quoque
placito, Dux ipse preposito precepit suo, et tunc et semper, ne in
Floriaco teneret placitum, ipse qui tunc erat prepositus nec aliquis
successor ejus; sed si contingeret quod aliquis de potestate Flo-
riacensi aliquam injuriam hominibus Ducis vel homini faceret,
prepositus Ducis primum ante priorem veniret, ut ibi injuria
emendaretur si fieri posset, sin autem, antequam aliquod malum
inde pro vindicta fieret, ante Ducem causa tractaretur, vel ante
illum cui Dux commendaret. Quod si ille de quo Dux precepisset
rem non definiret, iterum eadem actio ante Ducem rediret. Precepit etiam et interdixit ne quis venatorum suorum, vel brennarii
sui, nec aliquis serviens ejus, in Floriaco questum vel violentiam
faceret, nec prior ejusdem loci volentibus facere permitteret, nec
aliquis rusticus eis daret. Et ut certum et ratum hoc placitum
semper teneretur, sub testimonio Dei et sanctorum quorum ante
altare stabat, videntibus cunctis qui aderant, genuflexo donec
finiretur, miserere mei Deus, in absolutionem peccatorum suorum
et patris ejus, susceptum librum posuit super altare, cum osculo
pacis et veritatis. Confirmavit autem hanc cartam, Hugo ipse dux

Burgundie, fratre suo Heinrico idem comprobante, ita videlicet quod in camera divionensis abbatis, nomine Jaurentonis, posuit eam in manu venerabilis archiepiscopi Lugdunensis supra nominati, laudantibus et consentientibus Hugone, ducis dapifero, Widone et Rainaldo de Grancei, Willelmo de Fonvenz, Walterio Conestabulo et pluribus aliis. Et hoc in presentia reverentissimorum episcoporum Rotberti Lingonensis, Berardi Matiscensis, et Hugonis Autisiodorensis abbatis, et in presentia Hugonis Trecensis comitis, et multorum canonicorum Lugdunensium, anno ab incarnatione Domini millesimo c iiii°. Indictione xii. Concurrente v° cum bissexto et epacta xxii°.

Peiny, pr., p. 17. — *Gall. Christ.*, iv, instr., col. 236. — Chifflet, *S⁺ Bernardi Gen. ill.*, p. 125. — *Ann. Bén.*, v, p. 471, fragm.

35.

Carta de Floriaco.
1072-1079.

Dum residerem ego Hugo Lingonensium, Deo favente, presul, in cenobio Sancti Petri Besuensis, viiii k. martis die sexta feria, adiit presentiam nostram Alvisus prior monasterii sancti Marcelli martiris Cabilonensis, cum suis fratribus, humili postulans prece quatinus ecclesiam Sancti Georgii in Floriaco sitam eis concederemus, quod injustum nullo modo nobis videri debuit, presertim cum et in ipsis voluntatis bone conspiceremus fervorem, nosque, si eandem juvare bonam nitamur voluntatem, non dissimili remunerandos premio. Est siquidem tanta benegnissime excellentia caritatis, quod si adhuc bonum opus per te fragilitate deturbante perficere nequis, in alio idem juvare et fovere si velis, tuum profecto bonum reddis, ad quod non operando sed amando extenderis. Hinc David, ille beatus humilis et innocens rex, et propheta eximius, cupidinem desiderii mandatorum Dei omni sibi in tempore inesse denuntiat, probare nimirum curans, nequaquam eum premio frustrari beatitatis, quem et si non effectus operationis, ante materni tamen oculos inspectoris gratissimum munus bone sue commendat voluntatis. Unde notum fieri cunctis volumus fidelibus, quod prefatam ecclesiam, juxta petitionem jam dictam, gloriosis apostolis Christi Petro atque Paulo, sanctoque martiri

Marcello concessimus, cum omnibus appendiciis ejus, canonica nobis tautummodo retenta justicia. Concessimus etiam prescripto Alviso priori motionem ejusdem ecclesie, alias in eadem parochia. S. domni Hugonis episcopi, qui hoc privilegium fieri jussit et confirmavit. Sign. domni Josberti, abbatis Besuensis; S. Benedicti, monachi; S. Alvisi prioris; S. Geraldi, monachi; S. Bernardi, monachi; S. Adalfredi, monachi; S. Germundi, decani; S. Bernardi decani; S. Alduini, militis.

36.

CARTA DE PONTIDOTI.

1096.

In Christi nomine ego Ansedeus, senior de Naviliaco, filius Humberti, do et concedo Deo et beatis apostolis ejus Petro et Paulo et sancto Marcello martiri Cabilonensi, quicquid habeo in potestate Pontidoti, sive in terra, sive in aquis, sive in silvis, sive in servis et ancillis, sive in liberis, et virectum juxta ecclesiam quod est in castello, pro remedio anime mee, et precipio successori meo ut ista conservet et defendat Deo et Sanctis quibus dedi; sin autem concedere noluerit ex parte Dei et sanctorum quibus helemosinam dedi, contradico ei honorem meum. Et si illi qui de me ibi aliquid habuerint, concedere Deo et predictis Sanctis voluerint, concedo. Hujus helemosine sunt testes : Wido de Verduno, Stephanus Rufus, Landricus Aschericus, Umbertus de Roteliaco, Martinus presbiter de Baiaco, Philibertus prepositus, Eldinus Venator, Ansedeus de Roteliaco, Joannes major. Quibus videntibus hec dedi in manu domni Gaufredi prioris Sancti Marcelli, qui ibi aderat cum suis monachis, Raierio et Duranno. Donum quod fecit Ansedeus Deo et sanctis apostolis et sancto Marcello martiri concesserunt mater et due sorores ejus et uxor ejus. Post obitum ejus, Hugo, nepos ejus, quem heredem suum constituit, et cui castellum Naviliacum dimisit, concessit priori, sicut avunculus suus donaverat. Testibus : Adalbaldo Barbato; Siguino milite; Rainaldo presbitero; Dominico de la Vacharie. Anno ab incarnatione Domini mille xcvi° indictione iiiiª. Concurrente iiº. Epacta iiiiª. Regnante rege Heinrico romanorum et imperatore alamannorum.

PERRECIOT, n° 14.

37.

Carta de Pontidoti.

Reminiscens ego Ansedeus iniquitates meas et patrum meorum, et sperans me in benefactis bonorum hominum partem habiturum, concessi Deo et Sancto Marcello curtiferos quatuor in villa Pontidoti, de quibus tenuit unum Hermengaudus et alium Otgerius, alium vero Suffisia et Rodulphus alium, et peciolam terre subtus clausum; tali conventu ut nullus fratrum meorum neque heredum calumpniare presumat. Si autem, diabolo insidiante, superbiendo calumpniam inferre voluerit, perpetua maledictione damnatus permaneat, donec ad emendationem veniat. Fiat. fiat. S. Ansedei; S. Tetbaldi; S. Widonis; S. Hugonis presbiteri; S. Walteri fratris sui.

38.

Alia.

1093.

Ego Ansedeus omne quod calumpniatus fuerat pater meus Humbertus et ego, de equabus et equis, et de omnibus rebus, sancto Marcello concedo et laudo, et donum quod pater meus fecit illi, et non faciam placito fratri meo, priusquam ipse similiter faciat, et omnia que data fuerunt ab aliquo, ubi nullam consuetudinem habeo, laudo absque malo ingenio. Sub testimonio Salicherii, militis, Bernardi de Rurelata, Rotberti prepositi de Terrensi; Gisleberti militis; Martini presbiteri; Constantii Pophci; Rotberti Crispini. Hoc factum est in presentia domni Geraldi prioris, et conventus Sancti Marcelli, regnante Henrico rege Alemannorum. Concurrens v, epacta xx, anno Christi mxciii. Indictione i.

39.

Carta de Pontidoti.

21 Avril 1073.

Cum brevis permaneat vita qua fruimur, cumque abeatur fluxa atque fragilis divitiarum corporalis forme et temporalis honoris gloria, est opere precium memoriam uniuscujusque efficere longuam, videlicet virtutem animi exercendo, totiusque pietatis ac religionis bonas artes excolendo, semetipsum abnegando, sua pauperibus et Deo in monasteriis militantibus largiendo, ut, quod aput supremum seculorum regem suis juribus obtinere non prevalet, interventionibus eorum impetrare atque habere et in perpetuum gaudeat feliciter. Unde omnibus hac communi luce racionabiliter utentibus liquido perpatescat, et future posteritati cognitum permaneat, quatinus ego Humbertus, Medullensis castri et Naviliacensis dominus et rector, et Wichardus frater meus germanus, canonicus Besuntine ecclesie et archidiaconus, et uxor mea Ragimoldis, damus et in perpetuum concedimus, sine alicujus temporalis boni munere, sine alicujus exactionis servitute, beatis apostolis Petro et Paulo et gloriosissimo martiri Marcello, in suburbio Cabilonensium urbis martirizato, et ab omnibus ipsius provincie incolis honorato et venerato, et domno Hugoni, laudabilis memorie, Cluniacensi abbati, omnibusque post ipsum futuris abbatibus, omnique gregi Cluniacensi sibi divinitus commisso, et Alviso priori monasterii supradicti martiris, omnibusque monachis ibi regi regum domno et beato Marcello cultum divine servitutis excolentibus, ecclesiam ville que vocatur Pons Dubii, in honore beati Laurentii levite et martiris consecratam, quam primitus pater meus Ansedeus adhuc vivens sanctis supradictis et priori supramemorato, sub conventione donandi, promisit, sed, morte interveniente, explere factis non potuit quod verbis in antea jam promisit. Sed nos, filii ejus et eredes, bonum ejus desiderium vice illius adimplentes, pro remedio anime ejus et matris nostre Ermemburgis et omnium parentum nostrorum, et pro remissione omnium peccatorum nostrorum, ex alodio nostro in eadem villa damus beatis apostolis, et venerabili martiri, nec non abbati atque priori monachisque sancti Marcelli, terram que possit excoli una carruca per tempora et menses quibus terra excolitur ab anno in annum, et cursus sylvarum, in dominio, in edificiis et in pascendis animalibus, et in omnibus monachorum necessariis, et quatuor rusticorum in terra habitantium data a nobis, in usibus et cursis aque, in piscariis et in faciendis molendinis, et medietatem mercatus, et medietatem portus ibi transcuntium in vigiliis et in tempore mercatus, et clausos, et prata, et medietatem justicie mercatus. Et quicquid a nobis sive ab aliis eis datum fuerit, omnino omnem libertatem et consensum in omnibus conferimus. Ut autem firma et rata hæc carta permaneat, nos manu nostra firmavimus, et filiorum meorum Ansedei, Humberti, Hugonis et item Hugonis a tactu corroborare fecimus. Si quis autem hanc donationem calumpniare, quod absit, voluerit, viginti auri libras persolvat, et nullum rigorem habeat, et in perpetuum excommunicatus permaneat. Actum publice ad Pontem Dubii, regnante Hinrico, patricio romanorum, rege langobardorum, imperatore alamannorum. Hugone Crisopolitano archiepiscopo, XI k. maii, Luna VIIII, anno ab incarnatione Domini millesimo LXXIII, indictione XI, epacta VIIII. S. Ugonis, Besuntionensis archiepiscopi. S. Humberti. S. Wichardi. S. Ansedei. S. Humberti. S. Hugonis. S. Ugonis. S. Widonis. S. Witberti. S. Walterii. S. Humberti. S. Pontii. S. Guteranni. S. Stephani. S. Gausberti. S. Oddonis. S. Heldini. S. Amalberti. S. Lamberti. S. Johannis. S. Ugonis. S. Hugonis. S. Humberti. S. Tetbaldi. S. Oddonis. S. Gislaberti. S. Widonis. S. Rotberti. S. Willelmi. S. Airardi. S. Rotberti. S. Siefredi. S. Petri. S. Rotberti.

Aliquanto tempore post suprascriptam donationem transacto, memoratus Humbertus, predicte donationis patrator, occulto Dei judicio interfectus, subita morte rebus humanis excessit. Post cujus obitum uxor illius Raimodis et filii ejus Ansedeus, Humbertus et Hugo addiderunt sepedicte traditioni ecclesiam castri Navilincensis, cum consilio fidelium suorum, pro remedio anime tum nuper defuncti patris, tum etiam aliorum predecessorum suorum, nec non pro susceptione Hugonis fratris sui, quem pater ad serviendum Deo in monachico habitu deputaverat. Ut autem ipsa donatio firmissima teneatur, et apud Wichardum patruum eorum, antequam ullo federe pacificentur, prorsus stabiliatur, fidejussores dederunt hos, Iotcerannum de Capella, Ansedeum de Belloforte, Hugonem filium Alberici de Neflens, Odilonem de Castello quo Marca dicitur.

Perreciot, pr. n° 5, fragment.

40.

CARTA DE PONTIDOTI.

Notum sit cunctis fidelibus, tam presentibus quam futuris, quod Tetbaldus, miles, de Naviliaco, dedit Deo et sancto Marcello, pro remedio anime sue, omne alodium suum de Pontidoto, et fedum quod habebat de Ansedeo, et unam domum in castello, et unum mansum terre apud Charnerium, et alterum apud Casellas, et alterum apud Trugiacum et duos servos, et alterum mansum apud Chiliacum, et alterum apud Longuam Petram, et alterum apud Varenas, et duos apud Witgionem, et unum in supradictas Varenas in vadimonium pro decem solidis, et alterum similiter in vadimonio apud Frontena prodecem solidis. Hujus helemosine sunt testes : Clemens, presbiter, et Bernardus frater ejus et uxor ejus, et Rotbertus de Petra. Postquam fuit sepultus in cimiterio sancti Marcelli, uxor et frater ejus Bernardus, manu propria dederunt hanc helemosinam super altare sancti Marcelli, vidente Fulchone, archipresbitero, et Iotceranno de Marciliaco et filio suo Iotseranno, Salicherio et Oddone fratre suo, et Bertranno de Oratorio, et Philiberto diacono, et Constantio de Pontidote.

PERRECIOT, p. 10.

41.

ALIA [CARTA DE PONTIDOTI].

1120.

Venerabilium predecessorum nostrorum antiquam atque sollertem providentiam firmiter imitantes, tam presentium quam futurorum mortalium posteritatem apicibus nostris certificare desideramus, quod domnus Stephanus de Neblens, iherosolimam ire desiderans, timens eterne damnationis interitum incurrere, si aliquam particulam terrarum beati martyris Marcelli, temerario ausu, filiis suis possidendam inconsulte dimitteret, tam pro sue anime quam pro antecessorum suorum animarum remedio, villam quandam que Pontidotum proprio nomine nuncupatur et apenditia ipsi ville pertinentia, nemora videlicet atque prata, et omne territorium ipsius ville, ubicumque situm sit, dedit, et servos et ancillas, et quicquid in ea juste vel injuste habebat, propitio Domino Deo et Sancte genetrici sue Marie atque beato martiri Marcello, et monachis in predicta martiris ecclesia die noctuque Deo servientibus, concessit, et concedendo finivit atque verpivit, et concessionem et finitionem et verpitionem illam quam fecit, uxori sue carissime, Beatrici nomine, et quatuor filiis suis Hugoni, Walterio, Simoni atque Willermo, laudare iterum fecit, accipiens de generalitate fratrum quadragentorum valens solidorum. Si vero aliquis vir tenens ab eo fedum in territorio ipsius ville positum, cum prefati martiris monachis de fedo illo aliquo modo placitaverit, vel pro remedio anime sue fedum illum beato martiri Marcello dederit, illud firmiter concessit, et per nominatis filiis suis concedere fecit. Hic etenim Stephanus quendam mansum, quem pro dimidia marca argenti ab eo qui in vadimonium misit, prefatis monachis pacifice tenendum concessit, quousque illa dimidia marcha argenti, ab eo qui in vadimonium misit prefatis monachis, persolvatur. Ad ultimum vero prelocutis monachis concessit, ut, in sua propria terra, que juris est ipsius, bennam quandam talem ad libitum suum facerent, in qua molendinum unum ad opus generalitatis large collocaretur. Et ut ista concessio finitio atque verpitio rata atque firma in perpetuum teneretur, prelocutus Stephanus, et uxor sua atque filii sui, cartam inde fieri preceperunt, et precipiendo illam factam propria manu firmaverunt. Si quis vero huic cartule nostre, quod absit, perversus transgressor et temerarius prevaricator extiterit, et eam falsificare vel destruere aliqua machinatione frustra temptaverit, vel generalitati fratrum predicti martiris Marcelli subtrahere studuerit, nisi scito resipuerit, sciat se, auctoritate individue Trinitatis Dei et beate Marie genitricis sue, et Petri apostolorum principis, atque omnium sanctorum Dei et nostra, anathematis vinculis innodatum, et cum Dathan et Abiron, quos pro peccato terra vivos deglutivit, se habere consortium, et cum Juda traditore Domini Dei eterno incendio inextinguabiliter concrematurum. Facta est vero hec cartula tempore Gotsaldi, venerabilis Cabilonensis episcopi, sub vice Hugonis cantoris, Tetbaudo cancellario dictante, regnante Ludovico rege francorum. S. Philippi, prioris Sancti Marcelli. S. Litgerii, decani. S. Benedicti, armarii.

S. Hugonis, cellararii. S. totius capituli Sancti Marcelli conventus.
S. tocius familie beati Marcelli martiris. Petri mariscaldi, Arnulfi
fratris sui. S. Marcelli coci et Petri filii sui. S. Marcelli forestarii.
S. Warini forestarii. S. domni Bartholomei de Sancto Marcello.
S. Arveii de Muo. S. Letbaldi de Nerusia. S. Hugonis servi ma-
nentis. S. Constancii servientis. S. domni Stephani et uxoris sue,
et quatuor filiorum suorum. Hugonis, Walterii, Simonis atque
Guillelmi. S. Wichardi Boerii. S. Pagani de Sancto Marcello.
S. Willelmi, militis.

42.

Carta Guidonis de Verduno de ecclesia de Navile.

Notum sit omnibus hominibus, tam presentibus quam futuris,
quod ego Wido, senior de Verduno [1], cognocens innumerabilia
mala que feceram loco beati martiris Marcelli, et maxime propter
ecclesiam Sancti Laurentii de Pontidoto quam combussi cum
domo monachi, unde metuo incurrere iram omnipotentis Dei et
eterno igni tradi, et quia, cogente paupertate, omnia non possum
restituere, mea spontanea voluntate volo aliquantulum restituere.
Idcirco dono Deo et predicto martiri ecclesiam de Naviliaco villa,
propter quam ego multa mala feci, idest offerenda cum altare, et
sepulturam, et baptisterium, et terciam partem decime. Dono etiam
ecclesiam de Parriciaco cum villa et omne quod ibi habeo, si
monachi sancti Marcelli recuperare possunt de illis qui ex mea
parte tenent. Hoc donum feci in manu domni Narduini, prioris,
apud curtem Bertaldi, videntibus Guidone de Mariniaco, et Gar-
nerio de Porlineis, et Letbaldo de Sancto Gervasio, et Rotberto de
Girgiaco. Post ea, apud Cabilonem, mater mea et frater meus
Igmarus laudaverunt hoc donum, audientibus et videntibus Hugone de Marchia et Salicherio, milite, de Sancto Marcello.

1 Gui, seigneur de Verdun, frère d'Igmarus et de Philippe, prieur de
Saint-Marcel, est mentionné dans sept chartes du cartulaire, dont la
plus ancienne est du temps de Thibaut, comte de Chalon (1033-1063).
— Trois sont datées : 1090, 1093, 1096. La charte n° 46, postérieure
à 1120, nomme ses fils Gui, Hugues, Arduin et Bernard, qui devint
archidiacre de Chalon.

43.

CARTA DE NANTUN.

In Christi nomine, Stephanus Rufus dedi Deo et Sancto Marcello martiri, pro anima fratris mei Arnulfi, nec non patris et matris meo, et etiam pro me, unum mansum qui est apud Nantonem, cum servis et ancillis, et cum terris, pratis et silvis ad eundem mansum pertinentibus. Dedi etiam omne alodium quod habebam apud Pontidotum cum fratre meo, et vigeriam et fedum quod tenebamus de seniore de Naviliaco. Dedi etiam unum servum nomine Warinum, filium Bruneldi de Ezsarto. Et ut hec omnia beatus martir in perpetuum habeat, teneat, et possideat, sine ulla calumpnia a me facta neque ab herede meo si abuero, hoc donum feci super altare beati Marcelli, per argenteum textum, in presentia domni Syri, sub prioris; Aimonis decani, Gerardi de Porta; Salicherii et Oddonis fratris sui; Letbaldi de Castenedo; Petri Gumbadi; Raimundi, nepotis sui; Bertranni de Oratorio; Rocleni Pagani; Pagani de Dalmarei; Hugonis de Reversure; Widonis Boerii; Pontii de Varenas; Dalmatii de Faio; Moranni, cellararii; Gemelini, infirmarii; Constantii, coci; Ebrardi clopelli; Nathalis pistoris.

44.

CARTA DE PONTIDOTI [1].

Ad noticiam omnium, tam futurorum quam presentium, referre dignum censemus, quod Tetbaldus et Rotbertus, fratres, de Naviliaco, dederunt Deo et Sancto Marcello quicquid habebant in villa de Pontors, sive in territorio, seu in aliis omnibus rebus. Propter hoc autem dedit eis domnus Philippus, prior Sancti Marcelli, vi libras. Istud autem donum fecerunt ipsi duo fratres super altare sancti Marcelli. Hujus doni testes sunt Willelmus, archipresbiter; Benedictus, capellanus; Uldricus, presbiter; Rainaldus, presbiter; Letbaldus, miles, de Castenedo; Radulfus de Rinciaco; Rodulphus major. Postea vero domnus Philippus, prior, peragens

---

[1] Charte antérieure à 1120, époque présumée de la mort du prieur Philippe.

apud Naviliacum, hoc quod fecerant apud sanctum Marcellum fecerunt laudare et confirmare quendam fratrem suum nomine Paganum, et hoc in presentia domni Galterii, domini sui. Ex hoc testes sunt : domnus Garoldus de Frontiniaco; Benedictus, capellanus sancti Marcelli; Sennarus; Hugo Sarmenant; Bartholomeus de Mont. Post hec autem omnia domnus Lambertus, miles, de Insula, calumpniavit partem doni quod fecerant predicti fratres, dicens illos de se tenere illos debere. Precibus vero nostris et illorum tandem adquiescens, pro anima sua, calumpniam illam Deo et sancto Marcello benigne concessit. Hujus concessionnis testes sunt : Uldricus, presbiter; Letbaldus, miles, de Sancto Marcello; Rodulphus de Rinciaco; Anselmus de Chavennis; Bonetus de Sancto Vincentio; Stephanus Blanchez.

45.

CARTA RAINERII DE FRANGIACO DE TERRA QUE EST APUD PONTORS [1].

Scire volumus tam presentes quam futuros, quod domnus Rainerius de Frangiaco dedit Deo et sancto Marcello quicquid habebat in villa de Pontors, sive in territorio, seu in campis, vel pratis, vel silvis, vel aliis omnibus rebus. Ea autem conditione dedit, ut, si quis contrarius vel adversarius ex dono suo existere vellet, omnibus se obiceret et quod dederat defenderet. Habuit etiam hoc in pactum quod nepotes suos, quando ad virilem etatem pervenirent, isdem donum laudare faceret et confirmare. Si vero mors eum preveniret antequam hoc facere posset, filii sui sicut in pactum fuit hoc idem laudare ipsos facerent, scilicet nepotes predicti Rainerii. Ex hoc fide jussores dedit dominum Hugonem de Niblans et dominum Symonem fratrem ejus. Propter hoc autem dedit ei domnus Philippus, prior sancti Marcelli, viii libras et dimidiam, et uxori sue ciphum decem solidorum. Hujus autem doni testes sunt, domnus Galterius de Niblans; Wido de Vichiaco; Hugo de Viriniaco; Rodulphus Teutonicus; Stephanus, presbiter; Petrus, mariscalcus sancti Marcelli; Petrus, cocus; Stephanus Blanchez.

1 Charte antérieure à 1120.

46.

CARTA GUIDONIS DE VERDUNO DE CALUMPNIA QUAM IPSE FACIEBAT APUD PONTOR [1].

Notum sit omnibus, tam futuris quam presentibus, quod, domno Philippo existente priore Sancti Marcelli, Wido de Verduno, nepos ejus, quandam calumpniam injuste ecclesie sancti Marcelli, et obedientie de Pontidoto que ad eam attinet, inferebat. Fatebatur enim pedaticum sibi jure contingere, ex omnibus rebus quas monachus de Pontidoto apud sanctum Marcellum, per fluvium qui Dubium nuncupatur, duceret vel inde reduceret. Hujusmodi autem calumpniam, tempore domni Philippi prioris, coram domno Galterio episcopo, laudantibus fratribus, Hugone, Bernardo, Arduino ac patruo ejus Hysmaro, ex integro verpivit. Cujus verpitionis causa taliter deffinita est, ut quicquid obedientiarius de Pontidoto de propriis rebus per supradictum flumen duxerit aut reduxerit, nullum pedaticum prorsus inde accipiatur. Similiter de omnibus rebus que jure proprietatis ad ecclesiam Sancti Marcelli adtinent, et hinc illinc inde istinc transferentur sanctitum est, nisi causa iterum vendendi emantur. S. Raimundi, decani Cabilonensis; S. Bernardi, grammatici; S. Hugonis de Nuliaco; S. Villelmi, archipresbiteri; S. Hugonis Beraldi; S. Arvei de Muaco; S. Bertranni de Castaniaco.

PERRECIOT, n° 15.

47.

CARTA DE ALUSIA.

31 mai 1074.

Culpa exigente protoplasti universam ejus prolem simul cum ipso in hujus exilii cecitate constat esse dampnatam, ob majoris autem pene cumulum, post presentis brevitatem vite, ac post precipitia diversa, assiduis pro peccatis innumera in baratrum incessanter ruit massa. Et cum omnibus proposita sit salutis via,

1 Charte antérieure à 1120.

fides scilicet in deum vera, bonis et sanctis operibus juncta, pauci tamen hanc firmiter inveniuntur tenere, quia quamvis multi verbo tenus credere se astruant, operibus tamen denegant. Hujus ergo fidei operatio perfecta in misericordie compassione dinoscitur constituta, attestante evangelica sententia : date helemosinam et ecce omnia munda sunt vobis. Paulus quoque apostolus ministerium accepit predicationis, ut idem fatetur in gentibus, scilicet ut pauperum qui in Iherusalem comorabantur, quibus, attestante Luca, cor unum et anima erat una, memor esset. Unde ego Bernardus et Hugo, frater meus, et consobrini nostri similiter germani fratres Walterius atque Rotbertus, opere precii nobis facturi videmur, hoc quod jure hereditario, nemine querelam movente, firmiter possidemus, quodque nostra soboles male sana disperdere per multorum precipitia excessuum habebat, Deo omnipotenti, eisque in monasterio militantibus tradamus, videlicet ut eorum orationibus misericordiam omnipotentis Dei consequi valeamur, quid quid........ [1] meritis adipisci nequimus. Igitur offerimus misericordi Domino et glorioso apostolorum principi Petro, ac incliti martiri Cabilonensi Marcello, et venerabili Hugoni, abbati Cluniensis cenobii, et Alviso priori, atque cunctis fratribus tam futuris quam presentibus sub patrocinio supradicti martiris Marcelli degentibus, pro remedio animarum nostrarum, et pro indulgentia animarum parentum nostrorum presentium sive futurorum, ecclesiam Sancti Martini que est in villa Alusia, simul cum monte in quo eadem ecclesia constructa conspicitur, sicut termini inibi positi sunt. Donamus etiam domum lapideam obtimam adherentem eidem ecclesie, cum uno manso vestito, et cunctas terras que juris ecclesie antiquitus fuerunt vel nunc sunt. Simul etiam donamus quandam condaminam que nobis communis est, que vulgo curvata dicitur, sicut eam tres vie terminant. Damus quoque de nobis et de omnibus servis nostris. Si autem nos vel servi nostri domos in eadem terra construxerimus, censum sancto martiri et monachis ibidem comorantibus, omni anno, integre sine cunctacione, reddemus. Sane ita sincerum et firmum est hoc donum, ut nulla omnino potestas vel persona,

---

1 En marge, d'écriture contemporaine : Hic deest aliquid.

neque etiam nos ipsi, illic aliquid requirere consuetudinaliter vel accipere possimus, nisi tantum domnus Cluniensis abbas et prepositus Sancti Marcelli cum celeris fratribus. Quippe cum et sepulturam nostrorum corporum nostrorumque servorum nostreque insuper progeniei, presenti donatione firmemus. Quicquid autem deinceps eis loci hujus in circuitu datum fuerit, omnem omnino libertatem et consensum conferimus. Ne autem hujusce donationis vacilletur, firmando nos manu nostra firmavimus, et testes subscriptos firmare rogavimus. Publice igitur actum ad villam Alusiam. Regnante Philippo rege francorum, Heynrico patricio romanorum, rege langobardorum, imperatore alamannorum. II° kl. junii, luna prima, anno incarnationis dominice millesimo LXXIIII°, indictione XII^a, epacta XX^{ma}, concurrente II^{do}. S. Rocleni, episcopi Cabilonensis. S. domni Hugonis, abbatis. S. Alvisi, prioris. S. Bernardi. S. Hugonis. S. Ermengardis filiorumque ejus, Anselmi, Walterii, Widonis. S. Ugonis. S. Eremburgis. S. Walterii. S. Galterii. S. Helene. S. Rotberti cum uxore sua. S. Anne. S. Arluini. S. Gausfredi. S. Yduini. S. Rotberti. S. Arvei cum uxore sua. S. Arsburgis. S. Widonis. S. Anselmi. S. Bernardi. S. Hugonis. S. Eldigerii. S. Arnulphi. S. Widonis. S. Wichardi.

Ego quoque suprascriptus Walterius et Rotbertus frater meus, pro translatione patris nostri, dedimus post hec Deo et Sancto Marcello de alodo nostro, IIII^{or} jornales ultra ulmum malbuias, et quinque jornales, juxta sancti martiris condaminam, sancto donamus Silvestro. Insuper et ego ante dictus Walterius dono similiter Deo et Sancto Marcello, post obitum meum, mansum integrum qui est subtus puteum, et vineam que est subtus terram Sancti Marcelli, que dicitur olca, similiter integram, et in conversione mea, cum seculum reliqui, dedi servum unum, Girbernum nomine, cum toto suo fevo, et partem meam de silva que est super condaminam, et, pro anima filii mei Widonis, unum jornalem in loco ubi quondam vinee. Si quis autem, post mortem meam, aliquid horum calumpniare voluerit, homo vel femina, anathema sit. Amen. amen. amen. Fiat. fiat. fiat [1].

---

[1] On lit dans *Gall. Christ.* (IV, hist., col. 886) : « Memoratur (Roclenus ep. Cab.) cum Hugone comite in charta qua ecclesia Alusiœ

48.

CARTA BERNARDI MILITIS.

Notum sit omnibus tam presentibus quam futuris, quod quidam nobilis miles, Bernardus nomine, veniens ad conversionem, dedit Deo et sancto Petro sanctoque martiri Marcello, et monachis ibidem commorantibus, tam presentibus quam etiam futuris, decem et vii jornales de terra, duodecim quidem ex his terre culte, quinque vero inculte. Dedit quoque et pratum unum, silvam etiam unam. Dedit quoque et servum unum Rainaldum nomine, filiumque ipsius unum clericum. Dedit quoque, se vivente, terras que in uno pignore esse videbantur, tali tenore ut post decessum suum, si quis ex filiis ejus eas terras redimere voluerit, pecuniam quam in predictis terris fratres Sancti Marcelli dederunt reddat, et terras recipiat. Redemptio autem ipsarum terrarum non fiat nisi post quam quod ibi laboratum est auferatur, et hoc fiat usque in mensem marcium. Postquam autem martius mensis exierit, redemptio non recipietur quousque fructus recolligantur. Sed et illud videndum est, quod nequaquam ita filii predictas terras redimere habebunt potestatem, ut aliunde pecuniam mutuo accipiant, et easdem terras in pignus alibi mittant. Hanc autem cartam ipse firmavit, et subscriptos testes firmare rogavit. S. ejusdem Bernardi qui hanc cartam fieri mandavit; S. Anselmi, filii ejus; S. Hugonis, fratris ipsius; S. Galterii, consobrini sui, fratrisque ejus Rotberti.

49.

CARTA CONSTABOLI [1].

Notificetur viventibus et nascituris, qualiter ego Costabolus facio donationem Deo et Sancto Marcello martiri, pro mei antecessorumque meorum remedio, videlicet diurnales duos de campo et pratum illi continuum, que sunt sita in prata Giraldi, juxta

datur beato Marcello anno 1077. » C'est Hugues, abbé de Cluny, qui est mentionné dans la charte, et non Hugues II, comte de Chalon.

1 Premières années du xie siècle.

fossam intohonorie [1] vulgo dictam, tali videlicet tenore, ut apud predictum Sancti Marcelli locum ego et filius meus Rotbertus in vita nostra societatem habeamus, in tempore vero mortis nostre exequias et sepulturam, tamquam uni de loci illius fratribus, habeamus. Relinquens itaque trado predicte karitatis beneficium in Geraldi prioris manum, videntibus et audientibus Romano et Aymone fratre suo, nec non Martino de Alusia et Constantino matriculario, et ceteris denique multis.

50.

CARTA DE ALUSIA.

Avant 1120.

Quoniam sepius solet evenire quod ea que sunt acta in mundo oblivioni longua vetustate traduntur, nisi scripto retineantur, hujus rei noticiam scripto nostro commendamus memorie, quod Rotbertus de Alusia, dum in sanitate corporis manebat, dedit Deo et beato Marcello martiri totum allodium suum, quod habebat aput Alusiam et villam que dicitur Ruilleium, et servos et ancillas, pro remedio anime sue. De quo videlicet dono heredes sui, post mortem ejus, calumpniam fecerunt, Wido de Clavillo et fratres sui Rainaldus et Hugo, atque Valterius de Crisiaco et Uduinus frater ejus. Quam calumpniam monachi pacificantes, duas partes servorum et ancillarum et tocius alodii quod predictus Rotbertus monachis dederat, predictis calumpniatoribus reliquerunt, et relinquendo concesserunt, tali pacto ut de tercia parte fidem servarent et tenerent ecclesie Marcelli martiris; quod si non facerent monachi nullum placitum tenerent. Hoc vero donum fuit factum tempore Valterii episcopi [2], de quo sunt testes; Ubaldus de Cortabollo, et Hugo Nerioldus, et Ymerus, et Henricus de Marneio.

---

1 Ce mot singulier désigne la fosse désignée encore sous le nom de l'Entonnoir dans la commune d'Aluze, où le ruisseau des Giroux s'engouffre près du moulin dit de l'Entonnoir pour reparaître plus loin au lieudit Pont-Latin.

2 Gautier Ier, évêque de Chalon dès 1080, mourut en 1120.

51.

CARTA VLDEBERGA DE ALUSIA.
1120-1123.

Quoniam omnia quecumque in mundo ab hominibus peraguntur, aut longeva vetustate oblivioni traduntur, aut fraudulenta calliditate iniquorum hominum omnino destruuntur, nisi testimonio litterarum corroborentur, placuit nobis ad memoriam tam presentium quam futurorum hominum scripto nostro reducere, quod quedam domina, nomine Uldeberga de Alusia, filia Bernardi, dedit atque concessit totum alodium suum ubicumque jaceret, preter fedum Gaufridi Capramurentis, Deo et sancte genetrici sue Marie, atque beato martiri Marcello, et monachis in ecclesia sua Dei amore morantibus. Hoc autem donum quod fecit predicta domina filii sui laudaverunt, Rotbertus de Sancto Privato atque Gregorius frater suus, apud sanctum Leodegarium, coram domno Valterio de Colchis, et Valterio de Moreio, et Rodulfo de Spireio. Hi etenim predicti duo fratres, Rotbertus atque Gregorius, non tantummodo donum quod fecit mater sua laudaverunt, sed etiam illud donum quod antecessores sui fecerunt firmiter laudaverunt et concesserunt. Facta est itaque hec cartula de predicto dono, tempore Iotsaldi Cabilonensis episcopi, sub vice Hugonis cantoris, Tetbaldo dictante, regnante Ludovico rege francorum. S. Valterii de Colchis. S. Valterii de Moreio. S. Rodulphi de Spireio. S. plurimorum militum.

52.

CARTA DE ALUSIA.
1107.

Noverit tam regalis sublimitas quam sacerdotalis auctoritas, omnisque fidelium ventura posteritas, quoniam Hugo et Salicherius et Ayrardus fratres de Marchia concesserunt ecclesie beati martiris Marcelli omnem divisionem quam homines de parrochia sancte Marie de Mercuriaco fecerunt aput Alusiam. Hoc autem donum sic supra dicti fratres fecerunt, sicut Tietmarus presbiter fecerat, tempore Hugonis ecclesie Sancti Marcelli prioris. Con-

cesserunt etiam alodia, cantionem, decimas, oblationes, sepul-
turas, servos et ancillas, quos Bernardus, Hugo, Walterius, Rotbertus et heredes eorum prescripte ecclesie dederant. Hoc autem
laudaverunt Arleius de Colchis et Helysabet uxor ejus, et Galterius
et Varinus filii eorum, et Wido frater Arleii. Est autem hoc donum
litteris assignatum, Philippo regnante, Walterio Cabilonensi
episcopo annuente. S. Iotsaldi, decani; S. Gauceranni, cantoris.
S. Ansedei, archidiaconi. S. Wichardi, prioris de Bar. S. Hugonis
de Baiers. S. Solicherii et Rocleni de sancto Marcello. Anno mill°
c. vii, indictione xv, concurrente i.

53.

Carta Grosse uxoris Walterii de Alusia.
1108-1120.

Presentis et futuri temporis hominibus per hoc scriptum notificare curamus, quoniam quedam domina nomine Grossa, uxor
Walterii de Alusia, in infirmitate qua obiit de peccatis confessa,
superno domino Deo atque genetrici sue Marie et beato martiri
Marcello dedit et concessit quoddam pratum et quoddam mulna-
rium quod est situm subtus villam que dicitur Massilongus. Quod
scilicet donum, ut firmius in perpetuum teneretur, fecit laude
atque consilio infantum suorum, Anselli filii sui et Emme filie
sue. Factum est itaque hoc donum tempore Galterii episcopi
Cabilonensis, regnante Ludovico rege francorum.

54.

Carta de Alusia et de Ruiliaco.

Notum sit omnibus hominibus presentibus atque futuris, quod
quidam miles nomine Rotbertus de Alusia, dedit Deo et Sancto
Marcello fratribusque ibi commorantibus totum alodium suum,
post mortem suam, quod habebat in duabus villis, quarum una
vocatur Alusia, altera Ruiliacus, campis, pratis, silvis, servos et
ancillas, et, in vita sua, dedit eis unum mansum cum servo, tali
pacto ut post mortem suam totum supra dictum alodium ipsi
monachi possiderent. Postea vero heredes ipsius Rotberti calump-

niaverunt illum alodium et habuerunt placitum cum monachis, et dimiserunt eis monachi duas partes de illo alodio, terciamque partem retinuerunt sibi, et mansum illum cum servo, quem dedit Rotbertus in vita sua. Quem placitum laudaverunt omnes calumpniatores supra dicti alodii, coram testibus. S. Hytmari de Marniaco. S. Heinrici de Marniaco. S. Hugonis Nergiolt; S. Bernardi Pelliporci; aliique multi adfuerunt qui viderunt et audierunt.

55.

CARTA DE CHASAPOT.

1075.

Cunctator totius bonitatis, doctor universe pie religionis, saluti omnium exemplum prebuit passionis, formam docuit confessionis, suis sequacibus studium sancte proposuit operationis, quatinus aut constanter paciendo, aut catholice confitendo, aut viriliter operando, salus, post vite cursum, hec omnibus operantibus, proveniret in eternum. Ad cujus quoque desiderium non nulli pertingere cupientes, sibi suisque renuntiantes, colla levissimo Christi jugo submiserunt, et sua pauperibus Christi devotissime contulerunt. Quorum participes ego Willelmus et Rainaldus frater meus fieri cupientes, quicquid paterne hereditatis nobis a parentibus dimissum est, Deo et ecclesie beati Marcelli martiris precipui in suburbio Cabilonensis urbis site contulimus, nos inibi habitum sancte religionis super capita ponentes, quatinus interventu piissimi martiris, vite post laborem, vitam obtineamus simpiternam. Adjacet autem hec creditas in villa que vocatur Marniaco, pratum quod dicitur de porta, et mansum de Loia, et vineam Tetmauri, et mansum Martini cum omnibus appenditiis ejus. Et in villa Chasapot pratum usum et pratum Arberti, et pratum in quo fons scaturrit, et campos, et quicquid nostre hereditatis videtur pertinere insuper dicta villa. Hec omnia nobiscum dedimus beatis apostolis Petro et Paulo, supradicto que martiri et ipsius loci priori Alviso, et omnibus fratribus ibi in perpetuum Deo servientibus, in primis laudem prebente matre nostra Acherada et fratribus nostris, Wigone, Hithmaro, Heinrico, Milone. Et quisquis hec calumpniare voluerit, excommunicatus in perpetuum maneat. Actum publice, apud sanctum Marcellum, regnante Philippo rege, anno ab incarnatione Domini m° LXXV, indictione XIII, epacta I², concurrens IIIᵘˢ.

56.

CARTA ACHEREE DE MONTE AGUTO.

1120-1123.

Cunctis hominibus in hac fragili vita manentibus per hac scriptum desideramus notificare, quod quedam domina nobilissima nomine Acherea, sciens apud Deum omne benefactum remunerari, pro remedio anime sue parentumque suorum atque antecessorum, Domino Deo atque carissime genetrici sue Marie, et beato martiri Marcello, et monachis in ecclesia ipsius Deo pie militantibus, dedit atque concessit quendam mansum, mansum videlicet Uldrici, et apenditia ipsius qui situs est apud Viceium. Quod donum, ut firmissimum ab heredibus suis in perpetuum teneretur, fecit laude et consilio filiorum suorum Henrici, Hymeri, videlicet atque Guigonis. Si vero aliquis hoc donum destruere voluerit, destruat illum Deus, et cum impiis angelis, nisi resipuerit, in infernum maneat innodatus. Et, ut donum prefate domine aliqua vetustate oblivioni non tradetur, facta est inde cartula, tempore Iotsaldi, venerabilis episcopi, sub vice Hugonis, cantoris, Tetbaldo dictante, rege Ludovico francorum regnante. S. Milonis Calvati. S. Uldrici de Viccio. S. Vidonis de Camillo.

57.

CARTA DE ALUSIA.

1120-1123.

Sollerti atque illustri providentie omnium filiorum ecclesie beati Marcelli martiris, tam presentium quam futurorum, in Christum credentium, liquide pateat, quod Morannus de Porta et Bernardus Porchilla frater ejus, vendiderunt et vendendo transfuderunt Willelmo monacho de Alusia, terram quandam quam habebant in villa que a vulgo proprio nomine Craolium vocitatur, in qua videlicet terra est sedes cujusdam nostri mulini, accipientes et capientes ab eo decem et septem solidos, de bonis ecclesie beati Marcelli martiris. Hec autem venditio facta est per manum Pagani Galduci prefato monacho Willelmo, ad opus generalitatis fratrum in ecclesia predicti martiris Marcelli Deo assidue servientium. Et, ne aliqua vetustate hec venditio oblivioni traderetur, vel fraudulenta calliditate alicujus hominis denegaretur, facta est inde cartula, tempore Iotsaldi, Cabilonensis episcopi, sub vice Hugonis, cantoris, Tetbaldo cancellario dictante, regnante Ludovico rege francorum. S. Rodulfi de Micum et Adalardi fratris sui. S. Andree de Craolio. S. Aldi presbiteri. S. Warini presbiteri.

58.

[CARTA] MERCURIACI.

1060-1108.

Ego Tomas, in nomine sancte Trinitatis, concedo Romano sacerdoti et heredibus suis unam peciolam vinee que conjacet in Albiniaco, in parrochia Mercuriacum, et vocatur inter muros, et aliam peciolam que est in Rocleta, per ejus medium est via, et unum jornale terre et unam peciolam terre, cui feci donum dum erat puer, et postea feci et adhuc facio, presentibus parrochianis qui sunt in Alusia. Tempore Philippi regis.

59.

CARTA VLGERII MONACHI.

Ad memoriam futurorum transmittimus quoniam domnus Vlgerius, habitum suscipiens sanctum, unum mansum cum loco molendinario, quem habebat de capite patris sui Gemmonis, apud Crareolum, inter viam publicam et aquam situm, quando se Deo obtulit, secum beato Marcello contulit. Alios autem duos mansos, ex parte matris sibi obvenientes, in vallibus cum casteneto ibi constructo jungens, perfecit oblationem conclusitque donationem, consentiente nimirum sorore sua nomine Crassa, cum liberis suis, et ceteris qui laudare debuerunt. Cujus rei spectatores ac testes fuerunt : Ytmarus et Heynricus. Wido de Camiliaco. Milo Calvellus. Eldierius de Fontaneis et multi alii.

60.

CARTA HUGONIS DE MARNE.

Notum fieri volumus cunctis fidelibus, quod Hugo de Marnei totum alodium suum, ante iiii°r annos mortis sue, donavit Deo et sancto Petro et sancto Marcello et fratribus qui eis in monasterio suo, quod apud Cabilonem est, serviunt et servituri sunt, atque in hora mortis sue hoc ipsum donum quantum potuit confirmavit, laudantibus nepotibus suis scilicet Aldone, presbitero, et Aheio milite, Hugone Bruno et Radulfo fratre ejus; e quibus Hugo et Radulfus pro hac laude xii solidos acceperunt. Hoc est mansum de Altimunt, et totam terram quam ipse habebat in alodio a manso illo usque ad publicam viam, et mansum quem habebat in vals et castenetum, et partem suam terre que est a sancto Johanne usque ad liebertan, in pratis et in campis. Hujus rei testes sunt; Garinus Ferrandus, presbiter; Guido de Marnei; Hugo Garinus; Radulfus de Mihum; Durannus de Communali prato et alii multi homines et femine. Laudem Radulfi et Hugonis audierunt Rotbertus de Marnei et Aldo, presbiter, et Garinus atque Bartholomeus.

Factum [1] est autem, post multum temporis, quod quidam juvenis de genere horum, Hugo cognomine Bruno, calumpniam faceret in supradictis donationibus, et in hominibus qui tunc tenebant mansum de Altimont. Quapropter convenerunt in unum Stephanus, qui tunc tenebat Aluisiam, et predictus Hugo, apud Miliciacum, in curia domine de Marne, et quamvis nullam rectitudinem possent invenire in his rebus, tamen concordantibus viris qui aderant, jam dictus prior dedit Hugoni xx solidos, et ipse promisit se amplius nullam calumpniam facturum super hoc, sed totum concessit Deo et monachis Sancti Marcelli. Hujus rei .... [2] mus miles de Saudun; Hugo de Ruille; Artaudus de Marne; Savaricus de Monte acuto; Lambertus de Monte acuto, prepositus; Domina de Marne et Robertus filius ejus, et multi alii qui adfuerunt.

---

1 Ce qui suit a été ajouté au bas de la page, d'une écriture plus moderne, quoique très ancienne, et, je crois, de la fin du xii° siècle.

2 Ici manque une ligne enlevée par le relieur.

61.

CARTA DE MERCURIACO.

1004.

Notum sit omnibus bonis hominibus qualiter ego Vitgerius, et uxor mea Ostregildis, et filius meus Rainardus, vendimus duas peciolas vinearum monachis beati Marcelli martiris, que adjacent in pago Kabilonensi, in fine Mercuriacense, ubi in Merenga vocat, et accipio de vobis precium adpreciati, scilicet solidos denariorum decem et denarios duos. Terminatur autem una peciola ex tribus partibus terra sancti Marcelli et ex uno latere terra sancte Marie de Mercuriaco, et habet in longo perticas aripennales xxii, et in lato perticas duas et pedes iii. Alia peciola vinee habet in longo perticas x et pedes ii, et in lato perticam unam et pedes iiiior, et terminatur de uno latus terra Sancti Vincentii, et de alio latus et fronte terra Sancti Marcelli, de subteriori fronte senterio percurrente. Et jam dictas peciolas vinearum de nostro jure in dominatione Sancti Marcelli et monachis inibi Deo servientibus tradimus, vendimus, atque transfundimus ad habendum et possidendum atque disponendum, sine aliqua calumpnia vel contradictione. Si quis autem ista venditione a nobis facta calumpniare vel contradicere presumpserit, non hoc valeat adimplere quod repetit, sed convicti fisco publica auri untias coacti persolvant quinque. Et ut hec venditionis cartula a nobis facta firma et stabilis permaneat, actam monasterio Sancti Marcelli et manibus eam subter firmavimus atque firmare rogavimus. S. Witgerii qui venditionem istam fieri et firmare rogavit. S. Ostregildis uxoris ejus. S. Rainaldi filii ejus. S. Aynardi filii ejus. S. Vulberti qui consenserunt. S. Gisoni. S. Constantini. S. Rainaldi. S. Ayrardi. Fidem fecerunt supra scripti firmatores, Rainardus, Ainardus, Vulbertus, Giso, Constantinus, Rainaldus et Ayrardus contra cancellarium, si istam cartam non faciunt stabilem, faciant que lex est. Facta est autem hec cartula anno octavo regni Roberti regis.

62.

CARTA BERNARDI DE MARNE.

1120-1123.

Dei et Domini notri filiis fidelibus tam presentis quam futuri temporis hominibus per hoc scriptum notissimum habeatur, quod Bernardus de Marneio, in infirmitate qua obiit, cognoscens se in hoc mortali seculo coram summo Deo multum deliquisse, et parum boni fecisse, desiderans misericordis Dei, non pro ipsius meritis sed pro sua gratia, eternam gloriam consequi, coram presbitero cui confessus fuerat, pro animabus parentum suorum et pro anime sue remedio, totum alodium suum, ubicumque jaceret, pio domino Deo et genetrici sue Marie atque beato martiri Marcello, et monachis in ecclesia ipsius pie degentibus, laude et consilio amicorum suorum, dedit atque concessit. Quod scilicet donum, ut firmius et constantius teneretur, predicti Bernardi fratres, Rotbertus, Wido videlicet atque Paganus, laudaverunt et laudando se tenere firmiter propria manu juraverunt, et cartam inde fieri concesserunt. Si quis autem improbus calumpniator, vel litis et discordie seminator, huic dono contrarius extiterit, et cartam inde pictam falsificare voluerit, nisi scito se multum peccasse recognoverit, et nisi vivus resipuerit, de libro vite deleatur, et cum Juda traditore domini in gehenna ignis perpetuo concremetur. Facta est vero hec cartula tempore Iotsaldi venerabilis episcopi, sub vice Hugonis cantoris, Tetbaldo cancellario dictante, regnante Ludovico rege francorum. S. Garini, presbiteri ferranni. S. Aldi, presbiteri. S. Rotberti de Marneio. S. Stephani de Cristolio. S. Stephani de Sancta Helena.

63.

CARTA HUGONIS DE MARNE.

1120-1123.

Cum ferme quidquid in mundo agitur ab humana memoria cito decidat nisi scripto retineatur, hujus rei noticiam existere desideramus in memoriam, quod Hugo de Marneio, dum in sanitate corporis vigebat, Deo et beato martiri Marcello alodium suum ubicumque jaceret, pro remedio anime sue et antecessorum suorum animarum, dedit atque concessit. Et, in extremo examine positus, donum illud, per manus parentum et amicorum suorum, iterum confirmavit, hoc unum retinens ut illud tantillulum quod uxori sue in dotalitium dederat, ipse in vita sua pacifice possideret, tali tenore ut post mortem illius ad prefati martiris locum totum redeat. Transacto autem spacio temporis, post mortem prelocuti Hugonis, duo nepotes ejus, Hugo Brunus et Rodulfus frater suus, quod bene fecerat in calumpniam posuerunt. Quam calumpniam predicti martiris monachi extinguere cupientes, de generalitate fratrum prenominatis calumpniatoribus tanta dederunt, solidos tredecim videlicet, quatinus donum illud, quod avunculus ipsorum fecerat, iterum confirmaverunt. Ad ultimum vero quidam miles nomine Bauduinus, habens neptam predicti Hugonis legali matrimonio qui donum fecerat, de eodem dono calumpniam movit. Quapropter prenominati monachi ei x solidos de rebus suis largientes apud eum consecuti sunt, quod donum illud concessit atque omnino confirmavit. Si quis autem presumpserit huic dono contrarius existere, aut generalitati supradictorum monachorum subtrahere, nisi vivus resipuerit, sub anathemate maneat, et cum impiis eternaliter penis defunctus subjacent. Facta est vero hec cartula sub vice Hugonis cantoris, Tetbaudo dictante, tempore Iotsaldi episcopi, regnante Ludovico rege francorum. De dono Hugonis Marneii fuerunt testes hi qui hic sub titulantur : S. Widonis de Marneio; S. Hugonis Bruni et Rodulphi de Micun et Duranni de Prato caminello. De confirmatione Hugonis Bruni et Rodulphi fratris sui sunt testes : Arveius de Muo; Stephanus de Sancta Helena. De confirmatione Bauduini sunt testes : Milo Calvatus et Stephanus de Sancta Helena.

64.

CARTA DE MARNE.

Sciat omnis posteritas cui nota fuerit reverentia et locus sancti Marcelli martiris gloriosi, quia villam Marniaci primus filiorum Rotberti Wigo dedit jam dicto martiri, in quantum ad se pertinuit, quando, mundo relicto, habitum monasticum sumpsit.

Deinde Ydmarus, secundus frater, partem suam conferens, totam donationem confirmavit; sicque beatus Marcellus donorum susceptor et retributionum debitor factus, totam ex integro villam cum suis appenditiis obtinuit, cum consensu tam istorum quam filiorum suorum, de Guigone scilicet nati, Bartholomei et sororis ejus, de Idmaro autem Bernardi, Rotberti, Guigonis, Pagani et Heynrici, de Heynrico vero nati, Rotberti et uxorum ipsorum, et ceterorum qui laudare debuerunt. Huic donationi interfuerunt, Walterius de Sancta Helena, Wido de Camiliaco, et Idigerius de Fontaneis; item, Hugo de Camiliaco, Milo Calvellus, Stephanus de Pino et multi alii, et super omnes Jesus Christus Dominus noster qui cum Patre et Spiritu Sancto vivit et regnat in secula seculorum. Amen.

65.

Carta de Marne.

In latere quodam ville Marniaci erat ager qui fuit alodium quondam Rotberti cujus fuit olim villa Marniaci, sed pro sorore ejus, que fuit mater Walterii et Rodulfi, obvenit eis fundus iste. Walterius igitur partem suam pro sepultura uxoris sue beato Marcello contulit. Porro ab altero fratre Rodulfo eunte Iherosolimam, comparavit alteram partem xv solidis Guillelmus cognatus ejus, monachus sancti Marcelli, laudantibus fratribus suis, sicque agrum totum acquisivit beatus martir, cum utriusque partis jus retinuit. Cujus rei testes fuerunt cognati eorum, Ydmarus et Heinricus; idem Wido de Camiliaco et Eldierius de Fontaneis.

66.

Carta Guillelmi.

Notum sit futuris qualiter domnus Guillelmus, cujus fratres dederunt Marniacum, a Tietbaldo de Angulo campum quendam cum prato et loco molendinario comparavit ad opus beati Marcelli. Cujus emptionis testes extiterunt, Ydmarus et Heynricus, Paganus quoque de Porta et Hugo de Baiaco. Sed cum orta fuisset calumpnia quorumdam qui terram hanc jure perdiderant et juste recuperare non poterant, Atzelini videlicet et Ingelberti fratris sui et

Bernardi consanguinei eorum, predictus Guillelmus pactum fecit cum eis, ut, precio sumpto, calumpniam hanc finirent. Cujus pacis testes fuerunt, Durannus Decurel, Wido de Puteo, et Teodericus de Marniaco, et Constantinus molendinarius, et Gausbertus.

67.

CARTA DE CULTILLIS ET BOSERONNE.

1091.

In nc.... Patris et Filii et Spiritus sancti. Notum sit tam posteris quam presentibus, qualiter ego Rotbertus Extensus de Kadiniaco, migraturus de hoc seculo, cum vellem hereditare in futuro, mansum unum quem habebam apud Cultillis dictum Nemus, cum cursu ipsius nemoris per totum, et alterum mansum apud Boseronem, cum omni alodio et appenditiis suis, et cunctis que ibidem possidebam, legitima traditione transfundo in potestatem beati Marcelli Cabilonensis, pro salute anime mee quam ei dedico, quando habitum monasticum in monasterium predicti martiris sumo. Et hoc facio laudantibus heredibus meis Humberto filio meo, et Hugone genero meo, filie videlicet mee sponso, cum Johanne presbitero, sub presentia harum probabilium personarum, Falconis militis de Region villa, Rotberti de Cristolio, Arlebaldi ac Rotberti fratris sui de Cadiniaco, cum aliis pluribus. Anno incarnacionis Domini millesimo xci, indictione xiiii. Regnante super francos Philippo.

68.

CARTA DE VIRE.

Avant 1079.

Ego Hugo de Virei dono de alodio meo iiii^{or} mansos, cum viris et feminis, servis, ancillis manentibus in eis, sancto Marcello, pro remedio anime mee, et terram unius carruce et brolium et silvam ad quecumque opera facere voluerint, adque ad usus porcorum suorum, monasterii scilicet et rusticorum ibi manentium. In villa Virei nomine resedunt cuncta hec. S. Hugonis de Saldon. S. Seguini. S. Tetbaldi. S. Hildini. S. Gisleberti. S. Constantii

Quocci. Cumque audisset hanc donationem Gaufredus Baldus calumpniatus est, tunc dederunt illi c solidos et unum equum pro laudatione, laudavit. Ego Tetbaldus, frater ejus, laudo et confirmo donum fratris mei, et insuper concedo sancto Marcello, ex mea parte, unum mansum et cursum in bosco, et vi jornales terre et unum pratum, et post decessum meum omnem alodium meum, et servos et ancillas, ubicumque locorum inventi sint. Hoc factum est in presentia domni Hugonis et Ayrardi filii ejus, et Bonefacii et Arnulfi Desparvens, et Bertranni de Oreor, Odonis, Gisleberti, Jotceranni. Marcelli Coci, Marcelli alii, Alberici, Bernaldi, Rodulfi, Guntardi Pebuchci. Iterum in presentia domni Alvisi prioris et aliorum fratrum, Gerardi decani, atque Bernardi Benedicti, secretarii. Rainaldi, Willelmi. Philippo rege regnante [1].

69.

CARTA HELDINI DE VIRE.

1093.

Ego Heldinus dono Deo et sancto Marcello predium meum omne quod situm est apud Viriacum, et quecumque ibi pertinent, in campis, in pratis, in silvis et mansis, et servos et ancillas, et insuper concedo donum fratrum meorum quod olim illi fecerunt, pro remedio anime mee et patris et matris mee atque omnium parentum meorum, et, in presenti tempore, unum mansum et omnia que pertinent ad eum, atque unum pratum. Ideoque, si finis meus evenerit a finibus Belnensium, ut corpus meum hoc in loco a senioribus hujus loci deferatur, si notum factum erit illis. Et si monachus fieri voluero recipiant me, vel, si in captivitatem cecidero, sine pecunia danda me requirant, ut proprium hominem eorum. Et usque ad x annos tribuant michi omnem mercedem laboris unius bovis sue carruce que in illa terra araverit, quam ego de semine meo faciam seminare. Et si alius homo eam terram coluerit, tercie que inde exierint et in propriam domum sancti Marcelli venerint, dividantur ut rectum fuerit inter me et seniores, preter laborem boum sancti Marcelli, et preter mansos illius ville. Quapropter feci jusjurandum ne olim fecerim impedimentum ullum, nec deinceps inde faciam, et si aliquis calumpniatus fuerit ut ego sim defensor. S. Eldini, qui istam convenientiam fecit atque firmavit, in presentia domni Geraldi prioris, Duranni decani, sub testimonio illorum, Salicherii militis, Letbaldi de Castanedo, Tetbaldi Rustici, Rotberti Cluniaci, Domniaci Rustici. Constancii Coci, Duranni de Poycol, Aalbaldi, Gimelini, Bernardi Marescaldi. Anno millesimo xciii. Concur. v. Epacta xx. Regnante Heinrico rege Alamannorum.

<h2 style="text-align:center">70.</h2>

CARTA PAGANI QUODNOMINTO ARLEBALDI.

1112-1120.

Notum sit omnibus tam futuris quam presentibus, quod ego Paganus, cognomento Arlebaldus, domno Philippo existente priore, concessi Deo et sanctis apostolis ejus Petro et Paulo, nec non beato Marcello martiri, fratribus que inibi Deo servientibus, terram quam primitus cum terra ipsorum commune possederam, quodam in loco partem mediam, alio vero quartam. Terra autem ista, inter Boseronem et castrum Chaniacum sita, Cheneves nuncupatur, quam, ultra interdictionem predicti loci prioris sive proibitionem, pariterque fratrum apud sanctum Marcellum commorantium, edificiis constructis mihi mancipaveram. Ad postremum autem, litigatione pacificata, accepi eam a domno Philippo priore, communem videlicet, exceptis pratis, que in territorio Boseronis sita consistit, tali lege ut unius cujusque anni circulo, a festivitate beati Andree usque ad natale dominicum, pro ipsa supradicti loci priori decem et octo denarios, omni occasione penitus semota, persolvere non differam. Super est autem quod omni affirmatione sancitum est, ne michi terram, de qua supra locutus sum, aliqua necessitate super eminente, aut vendere aut sive in vadimonium derogare liceat. Istius modi autem conditione hoc actum, ut me viam universe carnis ingresso vel uxore mea, quicumque prius moriatur, a fratribus sancti Marcelli honeste sepeliatur, sine aliqua altera donatione, nisi spontanea voluntate aliquid parare voluero, et sic memorata possessio cum omni edificio in pace sancto Marcello restituatur. Quicumque autem ex nobis duobus super vixerit eadem concessione tumulabitur. Nec hoc pretermittendum est quod, si aliquem de filiis meis quindecim annos habentem regulari habitui tradere in affectum habuero, indutus a me, ut ordo exigit, apud sanctum Marcellum, ut monastici rigoris fungatur, officio accipiatur. Hujus modi autem occasione vineam que in medietate vinee eorum sita est, liberam trado et in perpetuum concedo, et si quis in eadem aliquid calumpniatur ita a me aquiratur, ut, absque ullius calumpnie interpositione, a fratribus sancti Marcelli possideatur. De alia vero vinea que in terra que Cheneves nominatur edificata est, hujusmodi paucio habita est, quod si filius meus, prius quam viam universe carnis ingrediar, monachus factus fuerit, tribus annis postea eam possideam, expletoque trienno almo Marcello martiri, post posita omne calumpnia, ex toto relinquam. Tali vero concordia vel pacificatione peracta, jure affirmationis confirmatum est, uti omnium calumpniarum machinationes, quas erga memoratam ecclesiam unquam in aliqua re exercui, penitus dimisse perpetua pace firmantur. S. Petri, archidiaconi. S. Wichardi de Moneta. S. Guillelmi, archipresbiteri. S. Benedicti, capellani. S. Uldrici, presbiteri. S. Ugonis de Ruiliaco. S. Umberti filii ejus. S. Artaldi de Chameliaco. S. Bertranni de Castaniaco. S. Letbaldi fratris ejus. S. Radulphi de Rintiaco.

71.

CARTA DE ROFIACO DE ESCOENS.

1067-1079.

Constat veridico veritatis ore prolatum justi propheteque fauctorem nequaquam dissociari beatitatis, sed sunt nonulli quos non solum juvare, sed, quod deterius est, impedire boni cupidos magis delectat. Qui quantum paciantur detrimentum, quantumve amittant premium perpendere si curarent, in tantam se pestem nunquam profecto diruerent, quum et bonos deturbando antiquum imitantur hostem, et caritatis, que .... est frenum, opus bonum non juvando, federa violantes remuneratione semet defraudant perhenni, quorum alterum ut vitari, alterum ut queat adimpleri, et a malis cautius declinandum, eisdemque cum suo principe acriter resistendum, et bonis studiose favendum. Qua de re ego Hugo, Bisontine sedis presul, notum fieri universis volo fidelibus, adisse presentiam nostram Alvisum, priorem monasterii sancti martiris Marcelli, cum suis fratribus, humilique prece petisse quatinus eis ecclesiam de Rofiaco que in Escoens sita est, quam videlicet qui diu injuste possederant reddere volebant, concederemus, quod ratum fore arbitrantes, quicquid beati Marcelli quondam juris in prefata ecclesia extitit, eidem concessimus. Quicquid vero vel Stephani martiris gloriosi vel nostri in eadem esse poterat juris, eidem nichilominus Marcello martiri inclito, cum baculo nostro, obtulimus. Insuper etiam quecumque in toto nostro pontificatu, de jam dicti martiris honore vel prefati monasterii, prior Alvisus vel ejus fratres presentes sive futuri recuperare, quoquo conamine, in perpetuum potuerunt, a nobis omnis libertas conceditur. Acta sunt hec Bisuntio sede pontificali in capitulo seniorum, in conspectu domni Hugonis, archipresulis, domni quoque Mainerii, fratris ejus. S. domni Hugonis, archiepiscopi Bisontini, qui hanc cartam fieri jussit, et manu propria roborans, in synodum suum laudare fecit. S. Alvisi prioris. S. Adalfredi monachi. S. Guigonis, archidiaconi. S. Guichardi archidiaconi. S. Teoderici. S. Maingodi. S. Tetbaldi. S. Aymonis decani. S. David filii ejus.

72.

CARTA DE ROFIACO DE ESCOENS.

Ad celorum perhennibus bonis genus humanum depulsum multis se precipitiis dedit, multis viciis subdidit, multis denique peccatis se obruit; cujus etiam insolentia ad tantum contemptum aliena omni conatu appetat, sui nichilhominus omnipotentis Domini fideliumque ejus juri dicata subducere temere et predare nequaquam dubitet, videlicet Deo et sanctis ipsius pro requie animarum oblata rapiendo, que magis augere quam diminuere oportuerat. Quod malum quondam serpere, nunc vero in nostre videlicet etatis tempus regnare, heu pro dolor, videmus. Unde ego Aldeberga, peccatricem ex hoc omnino me perspiciens, omnipotenti Domino et beato martiri Marcello ejusque monasterio, quod secundo Cabilonis est situm miliario, ubi Alvisus prior preest, excomunicatione sedis apostolice coacta, ecclesiam de Rofiaco que est in Escoens, una cum filiis meis Titberto, Rotberto, Humberto atque Hugone clerico, reddo et offero, cum cunctis videlicet ad eandem ecclesiam pertinentibus, curtem etiam et quicquid ad ipsam pertinet, et omnem censum ejus atque justiciam de cimiterio et de curte, quatinus, et de nobis ipsis et de omnibus hominibus sancti Marcelli, fratres inibi, si injuste quid egerimus, justiciam accipiant, tantum modo de nostrorum hominum tortura clamore nobis perlato, si nos facere voluerimus, ipsimet justiciam ex integro accipiant. Donamus quoque silvam ad omne opus seniorum eorumque familie, absque omni lucro, etiam et eorum ad animalia. Quod si aliquid vel nos vel quisquam in posterum augere voluerimus, omni remoto impedimento, liberum per secula maneat. Si quis vero huic donationi obviare temptaverit Dathan et Abiron, nisi resipuerit, pene subjaceat. S. Aldeberge filiorumque ejus, Titberti, Rotberti, Humberti, Hugonis qui hanc cartam fieri jubentes firmaverunt. S. Alvisi, prioris.

73.

Carta de Rofiaco de Escoens.

Sciat omnis posteritatis etas, sive bonorum ut devotionem approbet eamque suo auctori Deo commendet, sive malorum ut presumptionis ultionem devitet, Titellum, quendam mediocris facultatis virum, animarum eterno remuneratori Christo Domino et beato Marcello Cabilonensium apostolo dedisse alodium suum, quod habebat in episcopatu Bisontinensi et in vicino ville que dicitur Rofiacus. Hujus itaque alodii capita sunt apud Salaonam et apud Girifontanam, membra apud villam que nuncupatur ex nomine sancti Cornelii, et in Ligna, et apud Oiseneens, et in Guincens unus mansulus cujus incola habet cursum sive usum ad cuncta necessaria in silva quam vulgariter vocant communaliam. Omnia ergo que in iis locis possidebat, sive in agris, sive pratis, seu silvis, bonorum omnium largitori Deo ac supra scripto martiri obtulit, pro remedio anime sue, nec non pro salute predecessorum suorum, eo tenore ut, si in patria obierit, a fratribus sancto patrono famulantibus honorifice sepeliatur. Horum testes habentur, Humbertus Naviliacensis, Titbertus de Monmoret, et mater ejus Aldeberga, ac Jocerannus frater ejus et Bernaldus de Bello monte.

74.

CARTA DE ECCLESIA SANCTI ANIANI.
Circa 1086-1090.

Notum sit omnibus hominibus, presentibus et futuris, Hugonem, archiepiscopum Bisontionensem, filium Willelmi comitis, dedisse ecclesiam sancti Aniani cum appenditiis ad presbiteratum pertinentibus, que est sita juxta Rophiacum, sancto Petro et sancto Marcello martiri, in presentia Gaufredi prioris, nepotis domni abbatis Cluniacensis, et Udalrici decani, cum dedicaret ecclesiam Vallis, octab sancti Andree apostoli, laudantibus scilicet Manasse, archidiacono, Mainerio canonico, Hugone Joreth, Hugone de Montmoret, Widone archipresbitero, Narduino priore Vallis, Leodegario monacho, et Aymone capellano illius ecclesie qui postea accepit cam a supradicto priore. Post iterum dederunt Rotbertus et frater ejus Peregrinus, pro anima patris eorum, calumpniam terre quam habebant in terra sancti Aniani sancto Marcello, attestantibus Udalrico monacho, Tetberto de Montmoret, Guidone Ruilardo, Archimbaldo de Rofiaco. Quod donum antea fecerat Humbertus, clericus, filius Widonis de Ceis, atque Hugo desuperaliis pater Hugonis atque Tetberti.

75.

CARTA DE BOENS.
23 septembre 1114.

Omnibus in unitate fidei viventibus, Christique misericordiam prestolantibus, et Verbi Dei pabulo mentis sue archana alentibus, sermo intonat divinus quod ita dispensatio redemptoris quibusque consulit ditibus, ut ex propriis rebus quas transitorie possident centuplicatum valeant adquirere fenus, si, modo eisdem bene utendo rebus, ea que habent studeant erogare pauperibus; et quoniam, ut ait apostolus, non habemus hic manentem civitatem, diesque nostri, tanquam umbra preteriens, cotidie evanescunt, et voce veritatis luce clarius constat omnem arborem que non facit fructum bonum excidi et in ignem mitti, oportet maxime nos qui pre ceteris prelati videmus, ut, dum in hoc corpore sumus, aliquod ex his que ad Dei cultum pertinent eo adjuvante operemur, quatinus in futuro eterne retributionis participes existere mereamur. Quapropter ego Dei gratia Walterius, Cabilonensium episcopus, peccatorum meorum veniam et divine pietatis misericordiam consequi desiderans, dono et concedo Deo et sanctis apostolis ejus Petro et Paulo, ad locum sancti Marcelli martiris Cabilonensis, cui preest domnus Hugo cognomento Beraldi, monachus sancti Petri Cluniacensis, ad cujus ordinationem idem locus spectare videtur, et fratribus in eodem loco Deo servientibus, ecclesiam de Boens cum omnibus ad se pertinentibus, videlicet terris, pratis, silvis, aquis, ea conditione ut ipsi in perpetuum habeant, teneant et possideant, ac pro nobis Christi exorent clementiam. Et quod eadem ecclesia pertinens et subjecta ecclesie sancti Vincentii Cabilonensis videbatur, in capitulo generali, ipso die inventionis sancti Vincentii, cum consilio et voluntate canonicorum ejusdem ecclesie, domni scilicet Jotsaldi decani, Hugonis cantoris, Ansedei archidiaconi, Hugonis de Nuliaco, Rotberti de Milmanda, Raimundi de Bussiaco, Rodulfi Siguini, Stephani Bruni archipresbiteri, et ceterorum qui adffuerant, majorum sive minorum, hoc donum factum est, atque confirmatum dono mei anuli in manu predicti prioris. Quoniam igitur a memoria scito labitur quod non scito scripture traditur, ad numimentum possidentium, contraque querelas invidentium, hanc cartam fieri volumus atque mandavimus, nostraque auctoritate corroboravimus. Factum est igitur hoc donum in Cabilonensi civitate, in capitulo canonicorum, mense septembrio viiii k. octob. Anno ab incarnatione Domini millesimo cxiiii°. Epacta xxiii². Ludovico rege Francorum regnante.

Perry, pr., p. 49.

76.

De ecclesia de Boens.
4 novembre 1114.

Predictus autem dominus Galterius, Cabilonensis episcopus, presidens in sinodo ii° nonas novembris, in ecclesia sancti Vincentii, tenens hanc cartam in manu sua coram omnibus qui in sinodo residebant, tam canonicis quam monachis sive presbiteris atque laicis, hanc cartam et donum quod prius fecerat de ecclesia de Boiens laudavit et confirmavit Deo et beato martiri Marcello et monachis eidem martiri servientibus, ut prefatam ecclesiam in perpetuum teneant, habeant et possideant. Hoc donum factum est tempore domni Pontii abbatis Cluniacensis.

77.
CARTA RAINADI DE ESCOUENS.
1090.

Notum sit omnibus hominibus tam presentibus quam futuris, quoniam quidam miles nomine Rainaldus de Escouensis dedit sancto Marcello martiri, pro sepulture uxori sue nomine Pontia, terram que est in villa Seniciaco, que dividit cum terra Bertranni de Oratorio; hoc sunt duas vineas et duo curtiles. S. Rainaldi qui fieri et firmare rogavit et filii sui Hugo et Rainaldus. S. Hugonis de Reversure. S. Bertanni de Oratorio. S. Bonefacii. S. Hugonis de Liemont. S. Gisleberti. Concurrens ɪ. Epacta xvɪɪ. Mill° xc. Indictio xɪɪɪ. Regnante rege Heinrico Alamannorum.

78.
CARTA DE SANS.

In Christi nomine, ego Aia, filia Laurentii famuli sancti Marcelli martiris, soror Oddonis, Meschini et Gisleberti, vendidi domno Leodegario, monacho et decano Rofiaci, unam vineam cum curtilo qui est in angulo, in villa que vocatur Sancis, pro qua ab eo accepi xxx et ɪ solidum. Audientibus et videntibus Johanne presbitero, de sancto Benigno, Hugone de Gorrevolt, Joceranno Crotleboth, Stephano Bruno de Columb, Constantino preposito Rofiaci.

79.
CARTA BERNARDI SOFREDI.
1082-1106.

Calumpniam quam habebat Bernardus Sofredus in Jotzaldo carpentario et filiis ejus, et in uxore Johannis de Fontana et filiis ipsius, et in uxore Bertardi et filiis ejus, vuerpivit et finivit idem Bernardus Deo et sancto Marcello, per manum Savarici, comitis Cabilonensis, et Salicherii de sancto Marcello, testibus, Hugone de Marchia, Stephano Richardo, Bertranno de Ver et Achardo de Seniciaco, in manu domni Hugonis Lugdunensis, tunc existentis prioris sancti Marcelli. Ipse etiam domnus Hugo, prior, vuerpitione, et ut sibi deinceps caveret ne supradictis ulterius quicquam mali faceret, aut aliquam calumpniam inferret, condonavit ei totum quod eis antea abstulerat. Hoc autem factum est ante ospitale, in introitu ad coquinam, sub presentia supradictorum testium, et domni Leodegarii tum camerarii et domni Ulgerii monachi.

80.
CARTA DE ORATORIO.
Avril 1016.

In nomine Domini notum esse volumus omnibus presentibus et futuris, qualiter quidam homo, Constantius nomine, veniens in presentiam domni Oddonis, monachi, in villa que Oratorium dicitur, qui, ob memoriam anime sue parentumque suorum, medietatem sex silionum terre contulit in hereditario jure sancto Marcello, aliam vero medietatem in precio duorum dedit solidorum, scilicet eo tenore, ut, quandiu seculum duraverit, sanctus Marcellus ejusque monachi teneant et possideant, absque ulla calumpnia. Ceterum si aliqua extiterit qui hanc donationis vel emptionis cartam calumpniare presumpserit persona, convictus juditio comitum et seniorum; et ejus Constantii qui hanc constituit cartam, coactus solvat auri libras quinque, et deinceps stabilis permaneat cum stipulatione subnixa. Actum Oratorii publice. S. Constantii qui firmavit et firmare rogavit. S. Bernonis, fratris ejus. S. Algerius. S. Dominicus qui consenserunt. S. Evrardi presbiteri. S. Gotberti majoris. S. Constabuli. Frater Humbertus monachus, ad vicem domni Odonis monachi, scripsit et dictavit, in mense aprilis, die jovis, anno xx regnante Rotberto rege. Dedit autem Constantius de hac terra fide jussores Bernonem et Gotbertum et Constabulum, ut ita legaliter hanc cartam sancto Marcello et fratribus ibidem Deo servientibus auctorizet, ut si quis homo tollere voluerit ipse evindicet, et si evindicare non potuerit, legaliter emendet et terram componat.

81.

CARTA DE ORATORIO.

1004.

Inter quos Karitas inlibata manet idcirco notum fieri volumus omnibus presentibus hac futuris, qualiter monachi sancti Marcelli martiris excamium fecerunt cum quodam homine ex familia sancti Marcelli, nomine Benigno, et fratribus ejus, ex quodam curtile que adjacet in villa que dicitur Oratorium, qui ex omnibus partibus terram beate Marie matris Domini terminare videtur, atque supra eundem curtile edificata est ipsa ecclesia. Econtra recepit supradictus Benignus et fratres sui curtile unum in ipsa villa, et campum et curtile ita terminatur, scilicet ipsorum hereditas, de uno latus, atque ex alio beate Marie matris Domini, nempe ex frontibus ambis via publica terminare videtur. Supradictus vero campus, ex lateribus ambis, Berno et fratres sui terminare videntur, de uno quoque fronte conturno, sed et de alio ex eorum hereditate terminare videntur. Infra quoque istas terminationes inter se firmitatis testimonium istud excamium in invicem confirmaverunt, ut una queque pars, in secula seculorum et usque in eternum, sicut in ista carta continetur, absque aliqua lite vel contentione, possideat teneat atque disponat. Si quis autem heredum nostrorum, aut in presenti aut in futuro successorum, hoc disrumpere voluerit, non valeat adimplere quod repetit, sed convictus fisco comitale persolvat pondo librarum monete publice argenti sexaginta. Similiter autem Gobertus, major, et fratres ejus Adalgarius et Constabolus et heredes sui, pro animarum hac patrum vel matrum suarum remedio, alodium quodque in ipso loco habere videbantur, beate Marie genetricis Dei concesserunt, ut pius Dominus animarum suarum a penis inferni et a doloribus suis liberare dignetur, sine alicujus calumpnia vel contradictione, et ut hoc concamium firmum et stabile permaneat. Actum Oratorio villa in Dei nomine publice, feliciter. S. Benigni. S. Berengarii. S. Alramni. S. Galterii. S. Folcherii qui fieri et firmare rogaverunt. S. Gotberti, judicis; S. Adagarii; S. Constaboli fratribus ejus qui consenserunt. S. Constantii. S. Odulrici. S. Raddoardi. S. Ingelberti. S. Gonterii. S. Sillefride. Datum per manum Rotberti, die dominico anno viii° Rotberti regis, feliciter.

82.

CARTA DE ORATORIO.

In Dei nomine feliciter, ego Bertrannus et frater meus Achardus donamus Deo et beato Marcello et monachis ibidem manentibus, mansum Fredulfi cum omnibus apenditiis suis, tam in pratis quam in silvis et in campis, insuper et filios ejus et filias. Hec omnia donamus et concedimus supradicto sancto Marcello et monachis illi servientibus, post mortem nostram. Hanc autem donationem facimus pro remedio animarum sive patris et matris, et omnium antecessorum nostrorum. Hanc cartam firmavimus et firmare facimus ego Bertrannus de Oratorio et frater meus Achardus. S. Arnulfi de Exparvens. S. Bernardi de Valaona. S. Letbaldi de Castanedo. S. Gisleberti. S. Belini. S. Marcelli. S. Gimelini.

83.

CARTA DE ORATORIO.

In nomine Domini nostri Jhesu Christi, notum sit omnibus fidelibus christianis, quod nos Oddo, Eldradus, Warinus, donamus Deo et sancto Marcello martiri quendam mansum, propter nostram sepulturam, in loco que vocatur ad sanctam Mariam ad Oratorium, cum omnibus appenditiis suis, pratis, silvis, campis, exitibus et regressibus, aquarumque decursibus, et si aliquis homo de progenie nostra hanc donationem calumpniare voluerit, non permittatur ei hanc calumpniam agere, sed untias auri quinque componat. Qui autem hanc donationem nostram calumpniaverit sit pars ejus cum Dathan et Abiron et cum Juda traditore Domini. S. Richerius. S. Anxis. S. Oddo. S. Bernardus.

84.

CARTA BERENGARII.

Ego in Dei nomine Berengarius reddo Domino Deo et sancto Petro et sancto Marcello campum unum quem ego nunc habui. Et si ego aliquid rectum visus sum in ipso campo habere, ex toto penitus dono. Jacet autem ipse campus in medio terre sancti Marcelli, ex totis quatuor partibus. S. Berengarii qui istam cartam feci, et firmare rogavi. S. Constantii. S. Bernardi.

85.

CARTA UXORIS PETRI DELBOSC VIDELICET BONAFILIA DE ORATORIO.

Notum sit omnibus hominibus presentibus atque futuris, quod quedam Domina de Castenedo nomine Bonafilia, pro remedio anime mariti sui Petri videlicet Delbosc, et omnium antecessorum suorum, dedit Deo et sancto Marcello Cabilonensi fratribusque ibi Deo servientibus, mansum quendam in Oratorio villa de alodio suo, quem scilicet mansum Brunus Caseria tenere solebat. Tali etiam pacto ut per singulos annos, die ejus anniversarii, solenne officium peragatur, et de censi illius mansi fratribus in refectorio plena refectio persolvatur. Testes istius rei sunt : Oddo de Dalmariaco, Paganus de Sancto Marcello, Petrus Cabrol, Petrus, prepositus Sancti Marcelli, Bertardus Decanus, Arnulfus forestarius, Hugo, frater Bertardi Decani, Blanchez. Et hoc donum factum est tempore domni Philippi, supradicte domus prioris, et Humberti Decani, Landrici cellararii.

86.

CARTA DE ORATORIO.

Ad memoriam tam presentium quam sequentium in presenti cartula annotare satagimus, quandam dominam, sororem scilicet Petri qui Chivrels cognominatur, antequam universe carnis debitum persolveret, pro anima sua dedisse Deo et sancto Marcello martiri ejusdemque ecclesie conventui, quendam curtilum apud villam que vulgali nomine Oratorium nuncupatur. Stephanus autem de Castanedo, quidam miles de Sancto Germano, consanguinitatis propinqu.tate predicte domine convictus, pro anima ejusdem nec non et antecessorum suorum, hujusmodi donativum adaugere cupiens, exitum cujusdam domus, qui in manso Duranni Pontonarii constat, supramemorate ecclesie sancti Marcelli, omni calumpnia penitus post posita, contulit atque concessit. Notandum autem quod si quis huic dono contradiceret, seu injuriam irrogare vellet, domnus Bonefacius ad omnem interpellationem pro jure responsurum asseveravit. S. Benedicti capellani. S. Uldrici, presbiteri. S. Jairi, presbiteri. Sign. Landrici de Esparvens. S. Letbaldi de Castenedo. S. Petri Marescalli. S. Petri Coci.

87.

Ulricus Huiriaci dedit Deo et sancto Marcello mansum unum in parrochia Oratorii, in villa que dicitur Villaris, et omnia que ad mansum pertinent, hoc sunt campi, prata, silve et cursus aquarum, pro remedio anime sue, taliter ut si aliquis heredum meorum calumpniare presumpserit, excomunicatione Dei omnipotentis incurrat, nisi ad emendationem venerit. Signum Widonis Verdunensis. S. Petri Gumbadi. S. Rodulphi Bruni.

88.

CARTA DE TERRA QUE EST APUD CAPELLAM RAZONO.

1023.

Igitur in Dei nomine ego Volfardus et filius meus Unricus donamus Deo et sancto Marcello, de rebus proprietatis nostre, mansos duos cum omnibus appenditiis, silvis, campis, pratis, aquis aquarumque decursibus, cum servo nomine Pascalo et infantibus suis, et cum una ancilla nomine Bligelda et infantibus suis his nominibus Benigno cum sororibus suis Eldeardi, Heliana Altasia, Osanna, cum fratre eorum Ligerio et Bernardo. Sunt itaque siti isti duo mansi in villa que vocatur Capella Razoni. Quapropter ego Guido, pro remedium anime mee et patris mei Hitmari, et matris mee Raburgis, ac filiorum eorum quos michi Deus dedit, dono ad locum que vocatur Hubiliacus, ubi requiescit gloriosissimus martir Dei Marcellus, ubi videtur preesse domnus abba Odilo. Si ego Guido aut aliquis de heredibus meis aut extranea persona calumpniare voluerit, non valeat vindicare quod repetit, sed coactus juditiaria potestate componat auri libras vii, et deinceps firma et stabilis permaneat cum stipulatione subnixa, et incurrat iram omnipotentis Dei et sancte genetricis ejus Marie, et sancti Marcelli, et fiat habitatio eorum cum eis qui dixerunt Domino Deo, recede a nobis. Ego Guido qui istam cartam feci et firmare precepi. S. Arleius et filii sui Hugonis. S. Letbaldi. S. Elgo. S. Rainaldi. S. Guillelmi. S. Dodonis. S. Otgerii. S. Jotseranni. S. Pontii. S. Guigonis. S. Rainaldi. S. Ansierii. S. Tetbaldi. S. Ansei, et fratris sui Guillelmi. Factum est hoc anno xxvii°. Rotberti regis.

89.

CARTA DE TERRA QUE EST APUD CAPELLAM RATSONI.

Siguinus de Nantono dedit Deo et sancto Marcello medietatem mansi ad Capellam Ratsoni, pro remedio anime sue, et omnia que ad mansum pertinent medietatem. Hec sunt campi, silve, prata et cursus aquarum. Si autem aliquis calumpniare voluerit, perpetuo feriatur anathemate, usque ad emendationem veniat.

90.

CARTA DE TERRA QUE EST APUD CAPELLAM RATSONI.

1092.

In nomine sancte et individue Trinitatis, noverit [universitas] cunctorum fidelium, quod Bertrannus de Oratorio, et soror ejus nomine Helisabeth, dederunt Deo et sancto Marcello martiri, pro remedio anime Arleii filii Helisabet, unum mansum qui est in villa que vocatur Capellam Razonem, campis, pratis, silvis, et omnia que ad ipsum mansum pertinent. S. Bertranni de Oratorio. S. Helisabet. S. Guidonis militis. S. Humberti. S. Bertranni. S. Hugonis. S. Guillelmi. S. Gisleberti. S. Guidonis de Baiaco. S. Marcelli Beccaves. S. Brunonis. Concurrens iiii^{tus}. Epacta viiii. Anno millesimo xcii°. Indictio xv. Regnante Heinrico rege Alamannorum.

91.

CARTA DE TERRA QUE EST APUD CAPELLAM RATZONEM.

1091.

In Christi nomine ego Arnulphus Sparvensis, quando migravi de seclo isto, dedi Deo et sancti Marcelli martiris [monasterio] unum mansum qui est in villa qui vocatur Capellam Ratzonem, campis, pratis, silvis, et omniaque ad ipsum mansum pertinent. S. Arnulfi. S. Bertranni. S. Achardi. S. Landrici. S. Bonefacii, militis. S. Salicherii. S. Bernardi Valorii. Concurrens ii. Epacta xxviii^a. Millesimo [1] xci. Indictio xiiii. Regnante Heinrico rege Alamannorum.

---

1 La copie du Cartulaire porte mcxi au lieu de mxci, qui correspond parfaitement aux nombres de l'indiction, de l'épacte et du concurrent.

92.

Domno sacro basilice sancti Marcelli que est constructa Hubiliaco vico, ubi ipse beatissimus martir in corpore requiescit, que
est prope Cabilon, ubi ipsa congregatio canonicorum preesse
videtur. Igitur ego in Dei nomen Herlulphus, ac si indignus
presbiter, propter nomen Domini vel anime mee remedium seu
retributionem eternam, per hanc cartulam donationis dono ad
ipsa congregatione canonicorum vel clericorum, donatumque in
perpetuum ut permaneat esse volo, ac prointissima voluntate
mea confirmo. Hoc sunt res proprietatis mee que sunt site in
pago Lugdunense, in fine Olonginse, hoc est curtilus cum sala
indominicata, seu et capella constructa, et alio manso et granja,
cum exo et regresso in clauso quem vocant Varennas, cum ipsa
planta ad ipso curtilo insimul tenente. Terminat ipse curtilus
cum ipsa planta insimul tenente, vel cum ipsa vinea in ipso curtilo cum arboribus, de uno latus et uno fronte terra sancti Vincentii, de alio latus terra sancti Marcelli, de alio vero fronte strata
publica. Infra istas terminationes in integrum, et alias res ipsas
quas visus sum habere in ipso pago vel in ipsas fines, hoc sunt
campi duo, vobis dono, trado atque transfundo. Et dono vobis
vineolas duas que sunt site in pago Cabilonense, in fine Ruilia-
cense, in villa Gricunaco. Terminat una vinea de uno latus terra
Sancti Marcelli, de alio latus terra Godini de Basiniaco firco, de
fronte superiore rocca, de alio fronte carront publico. Terminat
alia vineola de uno latus terra Sancti Marcelli, de alio latus terra
ipsius Godini de Basiniaco, de alio fronte carront publico. Infra
istas terminationes vobis dono trado atque transfundo, tantum
etiam superius curtilo, cum vinea vel arboribus, cum ipsa planta
vel edificiis, cum exis et regressis et alias res quod superius
memoravimus, de meo jure in vestra trado dominatione perpetualiter, ad habendi, tenendi, donandi seu et commutandi, vel
quicquid exinde facere volueritis vos vel successores vestri, liberam et firmissimam in omnibus habeatis potestatem, nullum
contradicentem. Si quis vero, quod futurum esse non credo, si

ego ipse aut ullus de heredibus meis, seu qualibet persona, qui contra hanc donationem istam a me factam venire temptaverit, aut eam infrangere voluerit, inferat una cum socio fisco, auri libram unam coactus exsolvat, et quod repetit non evindicet, sed presens donatio ista omni tempore firma permaneat cum stipulatione subnixa. Actum Hubiliaco vico sancti Marcelli publice. S. Erlulfi, presbiteri. S. Leotenonis. S. Fulcradi. S. Teodranni, S. Noe. S. Waldegarii. S. Teodomi. S. Absalonis. S. Ingelberti. S. Sielmonis. Ego in Dei nomine Teodericus, ac si indignus diaconus, rogatus scripsi et dictavi, die sabbati nonas augusti. Anno xxiiiio. Regnante domno nostro Hludovico rege.

93.

Février 1039.

Ego Rotbertus et uxor mea et filius, pro amore et remedio animarum nostrarum et loco sepulture nostre, donamus Deo et sanctis apostolis ejus Petro et Paulo sanctoque Marcello martiri, ad locum Cluniacum, aliquid de res nostras que sunt site in comitatu Cabilonense, in villa Olonis. Hoc sunt campi, prati, silve, cum exitibus et regressibus, et omnia quecumque in ipsa villa habemus, tali conventu ut, quando obitus noster evenerit, cum honore nos recipiant, et corpora nostra sepulture tradant. Si tunc, cum ex vita presenti migraverimus, aliquid habere poterimus, loco sepulture nostre dabimus, sin autem per ipsum alodium nos recipietis. Precamus etiam ut participes esse mereamur vobiscum in orationibus vestris, in hoc seclo et in futuro. Si vero aliquis homo aut aliqua persona hanc donationem calumpniare voluerit, non valeat vindicare quod repetit, sed potestati judiciarie auri libras componat xx^{ta}. Quicumque de ista terra loco supradicto et sanctis supra nominatis in dampnum fuerit, et de dominicatum eam tulerit, ex parte Dei Patris et Filii et Spiritus sancti et sancte virginis Marie et omnium sanctorum Dei sint

---

1 Il est remarquable que les mots d'Olsotrudis et d'Oddo ne figurent pas dans la charte.

excommunicati, et in perpetuum dampnati, cum eis qui dixerunt Domino Deo, recede a nobis. S. Tetbaldi comitis. S. Rocleni., S. Ansedei. S. Widonis. S. Oddonis. S. Gazberti. S. Ugonis.. S. Wichardi. S. Arnulfi. S. Beraldi. S. Arleii. S. Letbaldi. S. Rodulfi. S. Landrici. S. Amelei. S. Seguini. S. Frotmundi. S. Achardi decani. S. Gaufredi, episcopi Cabilonensis, et ipse excommunicat eos qui de istam terram Sancto Marcello in dampno erunt. Scripta fuit hec cartula in mense febroario regnante Heinrico rege [1].

94.

CARTA DE OLUNS.

Notum sit omnibus hominibus, quod ego Garinus Christicola dono Deo et sancto ejus martiri Marcello, pro sepultura mea, aliquid de res meas que sunt site in Olonensi villa, id est xxii° seliones de terram arabilem, de uno latere terra sancti Petri, et de altero latere Bernardi et fratribus ejus, item de uno fronte terra Bernardi superius nominati et fratribus ejus, et de altero fronte terra Sancti Marcelli et Manasse. Si quis autem hanc donationem calumpniaverit componat auri untias v°. S. Ansidis et Oddonis qui hanc cartam fieri rogaverunt et firmaverunt. S. Richerii. S. Bernardi. S. Berengerii. S. Hugonis. S. Ebrardi. S. Alberici ; S. Constantini ; S. Pascasii.

95.

CARTA DE OLUNS.

Notificetur omnibus tam viventibus quam victuris, quod Petronilla, post diem defunctionis sue, servientibus ecclesie beati Marcelli mansum terre ad Oluns, videlicet prata, silvas, campos et cetera que ad mansum pertinent, annuente Stephano filio suo et Hugone monacho, tali pacto concessit, ut ex ipso redditu terre

---

1 Nous avons donné à cette charte la date de 1039, année de l'avènement du comte Thibaut et de la mort de l'évêque Geoffroy. Cependant, dès 1027, Thibaut, qui devait succéder à son oncle Hugues Ier, prend quelquefois le titre de *comes*, mais il le fait suivre le plus souvent de *nepos Hugonis comitis*.

fratribus predictis fiat generale, tali conventione ut in helemosina sepeliatur. Testibus his eminentibus : Hugone, monacho, filio ejus ; Leodegario, monacho ; Guillelmo de Virgiaco ; Arleioque cum Bruno Picoardo ; Petro preposito ; Arnulfo forestario ; Constantio Longo ; Constantio Quoco ; Johanne, presbitero. Et iterum notandum est quod ipsa predicta mulier, dum viveret, novale presens pro recognitione predicti doni tribuit.

96.

CARTA DE BATUENS.

1093.

Ego Gaufredus comes, cum essem in cella novitiorum, apud Cluniacum, in presentia domni abbatis Hugonis, tribui omnem justiciam et reliqui totam injusticiam quam habebam in villa Batuens, in servis et ancillis et in omnibus que pertinebant eis, sicut audivit et vidit domnus Senebrunus. Iterum similiter ego Wido comes, cum uxore mea, laudo et relinquo ad ipsum scilicet justiciam et injusticiam. Ideoque pono cartam istam super altare sancti Marcelli cum osculo altaris, attestantibus militibus istis : Arleio et Oddone, filiis Hugonis de Sancto Marcello ; Letbaldo de Castenodo ; Gaufredo de Sancto Petro ; Arnulpho Rufo ; Gisleberto, milite ; Bernardo Merulo. Regnante rege Heinrico Alamannorum. Concurrente v. Epacta xx. Mill. xciii. Indict. iª.

PERRY, pr., p. 45. — CHIFFLET, *Béatrix*, p. 171.

97.

CARTA DE BAIACO.

Ego in Dei nomine Hugo perdono consuetudines quas solebam requirere in villa Baierias de manso Guntardi, ex illa parte que me contingit, et de manso Engilbaldi similiter, similiter Rainaldi Bruti manso, et consuetudines quas huc usque de illis terris requirebam, quas homines dederunt pro animabus suis ad capellam sancti Petri in ipsa villa, in transacto tempore usque in hunc diem, hoc est viimo xmo k. jul., et similiter ne mei homines retineant ventas ne mercato sancti Marcelli ulterius. Hoc autem facio, pro remedio anime mee et patris mei, ad locum sancti Marcelli. S. Hugonis qui hanc cartam fecit et firmare rogavit. S. Gaufredi. S. Hugonis. S. Oddonis. S. Eldini. S. Ebrardi. S. Icterii.

98.

De Baiaco.

Quicquid pro amore gerimus divino in futurum nobis prodesse non dubitamus. Idcirco ego, in Dei nomine, Bernardus dono aliquid de res meas quas habeo in villa Baiaco, in Villario vocat. Dono etiam beato Petro, nec non et beato Marcello, pro remedium anime mee et pro remedium uxoris mee Rodzelene, ad locum sancti Marcelli martiris, hoc est campus el pratus. Terminatur ipse campus de ambis latis de ipsa hereditate, de uno fronte communis terra, de alio fronte terra Bernardi; sunt autem quindecim seliones. Pratus fessardi vocat; terminat autem de una parte terra Sancti Vincentii et de alia Maresco. Dono etiam et totum ad integrum ad supradictum locum sine ullo contradicente. Si quis autem hanc donationem contradicere presumpserit, vel qui inquietare voluerit, coactus judiciaria potestate libras componat iii de auro, et deinceps firma et stabilis permaneat cum stipulatione subnixa. Fidem fecerunt contra cancellario, Constabolus et Bernardus. S. Bernardi qui fieri jussit et firmare rogavit. S. Bernardi. S. Constaboli. S. Gausberti.

99.

Carta de Baiaco.

Notum sit omnibus hominibus tam presentibus quam futuris, quod quidam miles, nomine Pontius de Porta, vuerpivit et finivit Deo et beato martiri Marcello, in tempore domni Alvisi, prioris, Bernardum Belet et filium ejus Philibertum cum infantibus suis, ut beatus martir supradictos haberet et possideret, audiente et vidente domno Hugone, milite, de Baiaco, cum aliis multis. Post longum autem tempus Gaufredus de Porta, filius supradicti Pontii, calumpniavit verpitionem quam pater ejus fecit. Audiens vero domnus Arthaldus, prior, cum ceteris fratribus, calumpniam quam Gaufredus faciebat super Ebrardum de Baiaco, filium supradicti Philiberti, dederunt ei xx solidos ut supradictam calumpniam dimitteret; veniens autem prefatus Gaufredus, ante altare beati martiris vuerpivit calumpniam quam in predicto Ebrardo et in Christoforo fratre suo, seu in sorore sua uxore Mutini, et in infantibus suis sive in progenie sua faciebat, et rectitudinem, si habebat, Deo et beato Marcello martiri dedit, audientibus et videntibus Hugone de Baiaco, Arnulfo de Maresco, Milone Calvello, Oddone de Dalmariaco, Galterio Capreolo, Hugone de Montcooz.

100.

CARTA DE BAIACO.

1091 ¹.

Notum sit omnibus hominibus, tam presentibus quam futuris, quod Robertus et uxor sua Beliars dederunt unum mansum que dicitur Glandela sancti Marcelli, qui est in villa Baiaco, et omnia rada ad ipsum mansum pertinentem. Post istam donationem surrexit Arnulphus Rufus qui calumpniavit supra dicta terra, et venit ad Giraldum, priorem, et verpivit ipsum mansum sancti Marcelli, si torturam in eum habebat, et omnia que in ipsum mansum habebat dedit supradicto martiri : et postea, fuit conventum ad supra dicto priori quod ad fratribus suis laudare fecisset. Petrus autem frater ejus istam donationen atque verpitionem laudavit, et dominus Giraldus, prior, dedit supradicto Arnulfo xxx et iii solidos. Hi sunt testes : S. Arnulphi : S. Tetbaldi de Naviliaco. S. Martini, presbiteri. S. Gisleberti, militis. S. Petri : S. Pontii de Porta. S. Arnulphi de Maresco. S. Bertranni de Oratorio. Postea autem venit Gausbertus de Castanedo et calumpniavit medietatem in supradictum mansum, et Giraldus, prior, dedit illi vii solidos, et dimisit Sancto Marcello Gausbertus totam

---

1 Nous substituons la date de 1091 à celle de 1111 que donne le texte. Le chiffre de l'année doit être lu mxci au lieu de mcxi, et celui de l'épacte, xxviii au lieu de xviii. Les chiffres du concurrent et de l'indiction sont exacts. La date de 1091 correspond parfaitement à celles des chartes 38, 69 et 107, datées de 1091 et 1093, qui mentionnent aussi la présence du prieur Geraldus.

calumpniam que in ipsum mansum calumpniabat. S. Bernardi de Baies. S. Petri de Columbis. S. Arleii. Concurrens II. Epacta XVIII. Mill. CXI. Indictio XIIII. Regnante rege Heinrico Alamannorum.

101.

CARTA ARLEII DE BAES
DE TERRA QUE EST APUD SANCTUM AMBROSIUM.

Notum sit omnibus confratribus nostris tam presentibus quam posteris, quod frater noster Arleius, cum infirmitate cogente de hac vita se transiturum metueret, mundo cum actibus suis spreto, a sancti Marcelli priore et fratribus monachum se fieri postulavit, donans eisdem fratribus domum suam et alodium suum et terram quam in vadimonio tenebat : sed cum Guido, frater ejus, cum filiis suis, hoc nollet concedere, in curiam sancti Marcelli, cum adjutoribus suis, convenerunt, et de predicta dimissione concordiam cum monachis habuerunt. Retinuerunt autem sibi monachi domum et mansionem de Sancto Ambrosio et filium suum qui et servus ejus erat, Petrum nomine : mansionem autem ita investitam sicut in die concordie erat. Cetera predicto Guidoni et filiis concesserunt, tali pacto tamen, ut hec concessa nec venderent nec in vadimonio darent, sed tantum dum viverent possiderent, et post eorum mortem omnia, preter terram vadimonii, ad Sancti Marcelli monachos sine omni impedimento redirent. Facta est autem predicta concordia III k. febroarii, Philippo, priore, Hugone de Esparvens, decano. Testes sunt etiam ex parte monachorum : Hugo de Rupe, Galterius de Crisseio, Gosbertus de Belniaco, Uldricus, presbiter de Oluns, Lambertus Gupinus. Ex parte vero domni Guidonis, Guido de Monte Falconis, Raimundus Gumbeiz, Bertrannus de Saldonio, Landricus de Esparvens.

102.

CARTA DE BAIACO.

Ad noticiam tam futurorum quam presentium titterarum apicibus tradere disponimus, dominum Bonefacium, Bartholomei videlicet de sancto Marcello filium, pro anima fratris sui Galterii defuncti, concessisse Deo et sancto Marcello martiri ejusdemque ecclesie conventu, quendam mansum apud Baies cum hominibus eundem possidentibus atque tenentibus. Cujus modi donatio coram domno Galterio, Cabilonensi episcopo, facta est, concedente fratre defuncti, Arthaldo scilicet, omni occasione in perpetuum semota, datum hoc laudante. S. Guillelmi, archipresbiteri. S. Gaufredi de Porta. S. Landrici de Esparvens. S. Lamberti de Isla. S. Bertranni de Castanedo. S. Letbaldi, fratris ejus.

103.

CARTA DE ECCLESIA SAVINIACO.

950-954 [1].

Noticia rei geste hevidenter hostenditur qualiter Frotgarius, humilis prepositus, honore perfulgens, seu basilicam beati Marcelli martiris Christi in proprio loco residendo, adfuit quidam Gausbertus, presbiter, necnon et heres suus nomine Durannus pecierunt capellam Sancte Marie que dicitur Saviniaco, Frotgario preposito, de cujus ratione esse dinoscitur, eidem Gauzbertus necnon et heres suus Durannus canonice habendam sine diminutione a primoribus, ut annis singulis in festivitate sancti Marcelli denarios xx persolvant, et si ipso die non apparuerint dupliciter componant, et ea que a nobis acceperunt securiter teneant. Ut enim hec a nemine aliquando valeant minutari, sacra prefati prepositi manu sollempniter insignita monstrantur. S. Frotgarii prepositi. S. Wandalgaudi presbiteri. S. Teotardi presbiteri. S. Ragenfredi presbiteri. Facta est autem hec cartula tempore Ludovici regis.

104.

CARTA DE ECCLESIA SAVINIACO.

Juin 960.

In nomine unigeniti Dei et Salvatoris nostri Jeshu Christi, Frotgarius, sancte Cabilonensis ecclesie humilis episcopus, om-

---

1 Cette charte est antérieure à la mort de Louis d'Outre-Mer (954). Frotgaire avait succédé, comme prévôt de Saint-Marcel, à Bernon, mentionné en 924. (Voir n° 27.) Il devint évêque de Chalon vers 958. C'est donc avant 954 que doit être placée cette charte.

nibus nostro sub regimine constitutis compertum esse volumus,
quoniam adiit presentiam nostram quidam vir nomine Alexander,
humiliter deprecans ut unam nostro in episcopatu commanentem
capellam duobus filiis suis Bernardo atque Evrardo per scriptum
firmitatis condonaremus. Est autem jam dicta capella sita in
comitatu Lugdunensi, in villa Saviniaco, dicata in honore beate
Dei genetricis Marie, et pertinet ejus beneficium ad abbatiam
sancti Marcelli martiris. Nos vero tanto libentius cessimus quanto
congruum consideravimus ; jussimus itaque, per assensum Rotberti comitis, qui prefixam abbatiam tenebat sancti Marcelli,
jam nominatis fratribus Bernardo levita atque Evrardo puero,
hujus nostre auctoritatis testamentum tradere, per quod sta-
tuentes designamus et designando statuimus ut, diebus quibus
vixerunt, prelibatam capellam cum omnibus tam decimis ad se
juste vel legaliter pertinentibus, teneant et possideant, et omnibus
annis, festivitate beati Marcelli, rectoribus ejusdem denarios xx,
ex beneficio, et nobis vel nostris successoribus ex decimis sta-
tutum censum persolvant. Ut autem a nemine successorum nostrorum valeat dissolvi, manu propria firmavimus et nobis com-
missis fratribus vel filiis subter firmari precepimus. S. Frotgarii
episcopi et Rotberti comitis et uxore sua Ingeltrudis. S. Lamberti,
comitis, qui consensit¹. S. Adelulfi. S. Agini archidiaconi.
S. Tetardi decani. S. Gausberti qui consensit. S. Evrardi levite.
S. Rannulfi levite, Arberti, levite. S. Otberti, levite. S. Vuandal-
gaudi presbiteri. S. Raculfi levite, et Contardi levite. Ego
Vuolfardus sacerdos rogatus scripsi dictavi, die jovis in mense
junio. Anno vi regnante Lothario rege.

CHIFFLET, *Béatrix*, p. 190. — PERRY, pr., p. 34. — *Illust. Orb.*, ii,
p. 375. — *Gall. Chr.*, iv, p. 375.

---

1 Il faut remarquer les signatures de Robert prenant le titre de comte,
et de sa femme Ingeltrude, qui précèdent celle de Lambert, comte de
Chalon, leur fils. Nous ne connaissons pas d'autre charte où Robert,
vicomte d'Autun, prenne le titre de comte. Il est prudent de recon-
naître là une faute du copiste.

105.

CARTA DE SILVINIACO.

Circa 1090.

Notum sit cunctis tam presentibus quam futuris hujus sancte ecclesie filiis, quod, inter multos multarum possessionum sancti Marcelli injustos pervasores, quidam miles extiterit, nomine Bonefacius, hujusmodi lucris iniquis adeo intentus ut suo in tempore non parvum ecclesie sancti Marcelli intulerit dampnum. Pro qua re commotus ejusdem loci prepositus, nomine Geraldus, curiam comitum Cabilonensium, Guidonis scilicet et Gaufredi, sepius adiit, ibique super hac re querelas suas exposuit, cujus incitati clamoribus idem comites, et tantam sancti Marcelli injuriam non ferentes, eundem militem ad curiam suam convocaverunt, presentieque sue astare jusserunt. Ubi tandem, de his omnibus auditus racionabiliterque convictus, aliqua que per violentiam nitebatur auferre, in presentia comitum et tocius curie, vuerpivit atque finivit, helemosinam videlicet quam frater ipsius Petrus Carbonellus Deo omnipotenti et sancto Marcello contulerat, scilicet quicquid jure hereditario habebat vel possidebat in villa que dicitur Silviniaca, et in cunctis que eadem villa tenere videbatur; mansum quoque Duranni cum omnibus appenditiis suis, in villa que vocatur Poysolus, et ipsum Durannum cum infantibus suis, quem idem Petrus Carbonellus predicto fratri suo Bonefacio tali tenore dimiserat, ut, si in partibus hierosolimorum, quo peragere cupiebat, hisdem Petrus vel moreretur vel remaneret, eundem Durannum, sicut et cetera, predictus martir absque ulla calumpnia in perpetuum possideret; clausum etiam qui est in villa que dicitur Varennas, terram quoque que est in villa que dicitur Esparvens. Hec omnia jam dictus Bonefacius, in presentia comitum et tocius curie, vuerpivit atque finivit. Insuper etiam de his omnibus super altare sancti Marcelli, astante sacerdote et sancta celebrante misteria, cum missali quo missa celebrabatur, donum fecit, coram vivificis sacramentis corporis et sanguinis Domini, et, ut istud donum firmum atque stabilitum perpetuo maneret, jam dictum prepositum osculatus est. Hujus rei testes sunt ipsi comites et cuncti qui aderant. Hugo etiam de Baies. Salicherius miles. Gaufredus de Milei. Falco de Reun. Jocerannus de Martiliaco. Siguinus de Pre Anblen. Petrus Gunbadus. Wido de Verdun.

PERRY, pr., p. 45. — PERRECIOT, pr., n° 8. — CHIFFLET, *Béatrix*, p. 149.

106.
CARTA DE SILVINIACO ET DE POYSOLIS.
1090.

Noverit cunctorum fidelium tam presentium quam futurorum devocio, quoniam quidam miles, nomine Petrus Carbonellus, habens desiderium eundi Iherosolimam, dedit Deo omnipotenti et sancto Marcello martiri Cabilonensi, quicquid jure hereditario possidebat et habebat in villa que vocatur Silviniacus, videlicet in mansis, campis, pratis, silvis, servis quoque et ancillis, et in cunctis que in eadem villa tenere videbatur, tali tenore ut, si in partibus illis vel moreretur vel remaneret, predictus martir, absque ulla calumpnia, totum omnino in perpetuum possideret; si vero rediret tantum in vita sua haberet. Post mortem vero suam similiter predictus martir totum possideret, nisi heredem ex legitimo matrimonio generaret, quod si forte contigerit eis medietatem cunctorum supradictorum, et sepedicto martiri simi- liter aliam medietatem, in perpetuum concessit. Dedit quoque mansum Duranni cum omnibus appenditiis suis, et ipsum scilicet Durannum cum infantibus suis predicto martiri, in villa que vocatur Poysolus, quem in manu fratris sui Bonefacii dimisit, tali tenore ut, si in partibus illis vel moreretur vel remaneret, post modum, sicut supradicta, predictus martir Marcellus absque calumpnia in perpetuum possideret. Pepigit autem illi conventus Sancti Marcelli, pro hujus modi beneficiis, ut, si in partibus illis obitus ejus contingeret, pro anima ejus tricenarium, et cetera que pro fratre in loco nostro de defuncto solent fieri, ad plenum illi persolveret. Si vero rediret et [ad] habitum monachicum venire vellet, pro eisdem beneficiis illum susciperet. S. Bonefacii militis. S. Salicherii militis. S. Fulchonis, archipresbiteri. S. Martini, presbiteri. S. Bertranni de Oratorio. S. Bernardi de Valoria. S. Gisleberti militis. S. Constantii Pophei. S. Arleii militis, filii Hugonis. S. Rotberti Crispini de Cluniaco. S. Bernardi Marescalt.

S. Petri de Columb. S. Widonis, presbiteri. Regnante Heinrico rege Alamannorum. Millesimus nonagesimus. Concurrens primus. Indictio xiiiª.

107.

CARTA BONIFACII MILITIS.

1093.

Ego Bonifacius laudo omnem donum quod dedit frater meus Petrus Carbonellus, quando ambulavit apud Iherosolimam, sancto Marcello, de omne alodio suo de Silviniaco et de Poysolus, et de servis et ancillis, sicut comites scilicet Gaufredus et Guido preceperunt michi, et non capiam in eo quicquam per violentiam per tres annos. Inde mitto fidejussores, Falconem de Reum et Salicherium, militem, et de tribus annis in antea scienter rapinam non faciam, neque ego ipse neque aliquis de meis meo consensu; et si factum est reddam caput et legem, et de hoc facio donum super altare sancti Marcelli. Et si noluerit tenere, ego Gaufredus et Guido, comites, adjutores sumus per fidem sine enganno, et Falco de Reum, Salicherius miles, Hugo de Baies, Jotcerannus de Martiliaco. Seguinus de Pre anblen et Guichardus frater meus, Petrus Gunbadus, Guido de Verduno et alii plures. Hoc factum est in presentia domni Geraldi, prioris. S. Bertranni de Oratorio. S. Letbaldi de Castanedo. S. Hugonis de Liemont. S. Gisleberti, militis. S. Marcelli Beccavi. S. Constantii Pophci. Concurrens v. Epacta xxª. Millesimo xciii. Regnante Heinrico rege Alamannorum.

Illust. Orb., p. 90. — CHIFFLET, *Béatrix*, p. 172.

108.

CARTA DE SILVINIACO.

Prudentiores filios seculi hujus in sua generatione esse, filiis suis Christus Dominus, qui vera lux est, affirmat, nostramque ignaviam qui, regni ipsius intuitu, terrenas possessiones reliquisse videmur, eleganti redarguit exemplo. Cernimus etenim quam subtiles, quam alacres, quam robusti homines seculi in suis causis existant, quantosque labores pro caducis perferant honoribus, quos ignorant utrum unquam adipisci valeant. Quid

vero de sollicitudine heredum memorem cum ibi omnis dissuasio
deficiat, et quasi a durissimo saxo excepta resiliat, denique
quanquam obitiant vel verbo vel sensu illud apostoli : si quis
suorum curam non habet fidem negavit et est infideli deterior,
tamen plerumque parentes ipsis ipsam mortem preparant in his
que ingentibus curis eis provident. Nimirum sepissime intem-
perans heres brevissimo spacio vilissimoque precio expendit, in
dampno tam anime quam corporis sui, quod predecessores tota
pene vita sua, summa istantia, maximo labore, ad commodum
illi se provide putaverunt. In his ergo omnibus fidelium certitudo
reprehenditur ac vituperatur, quod in rebus in quibus nulla
dubietas, nulla fallendi suspicio, nonnumquam hebetes, pigri ac
desides inveniuntur, raraque sollicitudine posteriorum morientur.
Nos autem hec omnia pertimescentes, ad noticiam futurorum
tradimus litteris ea que ad subsidium sancto martiri Marcello
famulantium ipsi attributa sunt nostro tempore.

Letbaldus, filius Arleii, ad succurrendum monachicum habitum
suscipiens, beato martiri unum mansum dedit apud Silviniacum,
cum servo qui eum incolebat, scilicet Brunone, uxore quoque
ejus ac cunctis filiis, prata autem et silvas ad eumdem mansum
pertinentes, et addidit et insuper cursum LX porcorum in ceteris
silvis. Si filii vero ejus discesserint de hac vita absque herede
legitimo, totum predium quod ibidem est, et illud quod est apud
Pusols, et, ad opus ecclesie que est in villa que Oratorium dicitur,
in cunctis utensilibus usum per omnes silvas suas. Horum testes
sunt : Roclenus de Marciliaco, Arnulphus de Sparvens, Bertrannus de Oratorio et multi alii.

109.

CARTA DE ROSEIO.

Uxor autem predicti Letberti dedit unum mansum apud Roseium.
Filius Dalmatii dedit unum mansum apud suprascriptum Silviniacum, laudantibus hoc fratribus et hominibus suis, pro anima
patris illius.

110.

ALIA CARTA DE ROSEIO.

Achinus etiam alium mansum dedit in eodem loco, cum ancilla quadam et duobus filiis, num marem et feminam alteram, et querelas quas habebat adversus sanctum Marcellum, de Lamberto et filiis suis, omnino absolvit.

111.

CARTA DE ESPARVENS.

Rotbaldus dedit unum pratum apud Esparvens ac unum ortum, et apud Savrei campum sex jugerum, Laurentium quoque cum filiis suis, laudante hoc Olsende uxore sua, et Arnulfo fratre ejus.

112.

CARTA ROTBERTI DE BAES.

Rotbertus de Baes dedit sepedicto adlethe Christi et fratribus et servientibus, totum alodium suum, post obitum uxoris sue, cum consilio ejusdem conjugis sue. Testante Widone, presbitero, et Villico, Bernardo et Johanne.

113.

CARTA DE SILVINIACO.

Ego Achinus Porlensis dedi Deo et sancto Marcello unum mansum in villa Silviniaci, et omnia que ad mansum pertinent, hoc sunt campi, silve, prata, et cursus aquarum, et unam ancillam que dicitur Hermengardis et filium Tetbertum et filiam Mauretam; et in unum mansum de eadem hereditate finivi calumpniam quam monachis sancti Marcelli inferebam, tali conventu ut si aliquis heredum meorum aliquam calumpniam inferre voluerit, perpetuo anathemate feriatur, nisi ad emendationem venerit. S. Alberici fratris mei. S. Milonis. S. Hugonis. S. Stephani. Regnante Heinrico imperatore.

114.

1093.

In nomine sancte et individue Trinitatis et Domini nostri Jhesu Christi. Ego Albericus de Porlincis, qualiscumque miles in seculo, habitum monachicum apud sanctum Marcellum accipiens, hoc remedium anime mee et celestis glorie dignitatem tradidi ecclesie predicti martiris, laudante et cooperante filio meo Milone, duos mansos in villa que dicitur Silviniacum et tres jornales terre ad unum mansum pertinentes, et viii^{vem} ad alium, simulque unum pratum in ganaschia, et illis qui in predictis mansis habitabunt cursum in silva, ad omnia sibi necessaria, et pastum ad porcos eorum, insuper ad LX^{ta} porcos beati Marcelli. Tradidi quoque eidem ecclesie unum servum et unam ancillam, et totum alodium quod habebam in finibus ville que dicitur Oratorium. Hoc idem donum pariter laudaverunt duo filii mei, Stephanus et Siguinus. S. Bertranni, militis, de Oratorio. S. Gisleberti, militis. S. Petri, prepositi, et Constantii de Oratorio. S. Letbaldi, militis, de Castanedo. S. Tedberti de Silviniaco. Mill. XCIII. Indictione I^a. Concurrente V. Epacta I. Regnante Heinrico rege Alamannorum.

115.

1092.

Notum sit cunctis fidelibus tam presentibus quam futuris, quoniam quidam miles nomine Guido Rufinus, filius Dalmatii militis, habens desiderium ire in Ispaniam, dedit Deo et sancto Marcello martiri, pro remedio anime sue et patris, si in partibus illus mortuus fuerit vel remanserit, unum mansum qui est in villa que dicitur Dorsena, cum omnibus appenditiis suis, in fine et in silvis, et pratis, et medietatem infantium Bernardi Darsælli, et dedit Durannum Caponem cum medietate infantum suorum, et terram ubi domus ejus est, et XII jornales que est in villa que

vocatur Silviniacum, et cursum in silva, et terciam partem prati/
quod est in guaneschia, et unum servum qui vocatur Bonet,
nepotem Thome de Sancto Christoforo ; et tandiu quam in partibus
illis moratus fuerit, monachi ibi servientes recipiant servitia illius
supradicte terre. S. Guidonis Rufini, qui fieri jussit, et firmare
rogavit. S. Humberti, fratris ejus. S. Rocleni, fratris ejus. S. Arlcii
militis, filii Hugonis. S. Letbaldi de Castanedo. S. Gisleberti
militis. S. Jotceranni militis, Bastardi. S. Guolberti Christofori
prepositi ejus. S. Marcelli Bechavez. S. Constantii Pofcii. Regnante
Heinrico rege Alamannorum. Concurrens iiiius. Epacta viiiia. Indictio xva. Millesimo xco iio.

116.

CARTA DE SILVINIACO ET DE SANCTO CHRISTOFORO.

Circa 1093.

Noverit fraternitas vestra, quod Guido Rufinus, veniens ad
conversionem, dedit Deo et sancto Marcello martiri duos mansos
terre et ea que ad eos pertinent, videlicet, silvas, campos, prata,
necnon iiios servos, scilicet Durannum Caponem et fratres ejus,
Adalardum et Remigium, et uxores et filios et filias eorum, hoc
quod suum erat apud Silviniacum ; et in alio loco, apud sanctum
Christoforum, unum mansum terre cum omnibus appenditiis
suis et unum servum Bernardum Boneth cum filiis et filiabus
suis, et alium mansum terre cum omnibus appenditiis suis apud
Dorsenam cum infantibus Bernardi Darzelli. S. Humberti et Rocleni
fratrum Rufini. S. Bonefacii, militis. S. Salicherii, militis. S. Hugonis de Baies. S. Bertranni de Oratorio. S. Letbaldi de Cast[anedo],
S. Hugonis Cabroli. S. Maioli Maleth. S. Milonis de Niblens.
S. Oddonis Szotheth. Hoc donum quod superius dictum est concessit, et firmavit Humbertus et Roclenus frater ejus, in manu
Bernardi Grossi, prioris[1] ; et si aliquis contradiceret, promisit

1 Bernard le Gros appartenait à l'illustre maison de Brancion. Il fut
camérier de Cluny avant d'être nommé prieur de Saint-Marcel, où il ne fit
que passer, car, dans les chartes 38 et 107 de 1093, figure Geraldus, auquel

se esse defensorem contra illum, et prior dedit illi unum caballum, ut bene teneret. De manso quod est apud sanctum Christoforum dedit Humbertus et Roclenus fide jussores, Letbaldum de Castanedo et Maiolum Maleth, et Jocerannum Rastardum.

117.

CARTA DE SILVINIACO.

Notum sit cunctis fidelibus tam presentibus quam futuris, quod ego Paganus Roclenus dedi Deo et sancto Marcello martiri terciam partem alodii nostri quem habebamus, ego et frater meus Humbertus, quando ipse migravit de hoc seculo, in villa Silviniaci, tam in terris quam in pratis et in silvis, et unum servum nomine Ebrardum Cornutum cum infantibus suis, qui in illa hora fidelitatem juravit sancto Marcello et senioribus illius loci. Hoc donum feci super altare sancti Marcelli, cum textu sancti evangelii, audientibus et videntibus : Hugone de Marchia, Ayrardo et Salicherio, fratribus ejus, Landrico Ascherico, Salicherio de Sancto Marcello, Letbaldo de Castanedo, Bertranno de Oratorio, Maiolo militi. Hoc factum est in presentia domni Stephani, prioris.

118.

CARTA DE SILVINIACO.

Notum sit omnibus hominibus tam presentibus quam futuris, quod ego Salicherius qualiscumque miles, dono Deo et sancto Marcello martiri unum mansum terré, cum omnibus appenditiis suis, que est in villa que vocatur Silviniaca et hominem qui mansum tenet, laudo supradicto martiri, quandiu mansum tenere voluerit teneat, qui liber est. Insuper dono sepedicto martiri unam portionem terre et unum servum nomine Ebrardum, pro remedio anime fratris mei Arleii, laudantibus aliis fratribus

il succéda. Il devint grand prieur de Cluny, charge qu'il exerça longtemps. Cette charte est contemporaine de la précédente, par laquelle le même chevalier, Gui Ruffin, fait un don à Saint-Marcel, au moment de partir pour la Terre-Sainte. C'est probablement au retour qu'il prit l'habit monastique.

meis, Airardo atque Oddone, cum aliis testibus qui ibi adfuerunt : Bonefacio, milite ; Humberto, milite ; Bertranno de Oratorio; Letbaldo de Castenedo; Guidone Castenedo.

119.

CARTA DE SILVINIACO.

Notum sit omnibus hominibus tam presentibus quam futuris, quod Oddo de Sancto Marcello et fratres ejus, videlicet Petrus, canonicus, Hugo et Girardus, milites, dederunt, pro anima patris sui Salicherii. Deo et sancto Marcello, unum mansum in villa que dicitur Silviniaca, cum omnibus appenditiis suis, et rusticum nomine Boneth, cum uxore sua et omnibus infantibus suis. Dederunt etiam, in supradicta villa, in quodam alio manso quem tenuit Petrus Agaz, tale consuetudinem ut quicumque mansum tenuerit, monachis apud sanctum Marcellum manentibus II^{os} panes et sextarium vini et III^{os} pullos galline, unoquoque anno in mense Augusto, persolvat. Hujus rei testes sunt : archipresbiter Guilelmus, Benedictus Capellanus, Johannes presbiter, Paganus, miles. Gaucerannus de Marciliaco, et frater ejus Landricus de Esparvens.

TABLE

TABLE   101

TABLE 103

TABLE   105

EXPLICIT

INDEX

L

P

Y

INDEX HONORIFICUS

Carolus, post mortem nepotis sui Lotharii in Burgundia. N° 28. — Charles le Chauve.

Carolus, divina propitiante clementia imperator augustus. N° 1 et 2. — Ces chartes sont datées de 872. Elles sont fausses, mais ce n'est pas le lieu d'en fournir la preuve. Elles semblent indiquer Charles le Chauve, qui ne fut sacré que trois ans plus tard.

Guntrannus, rex, circa 577. N° 7. — Cité n° 1 et 2. Gontran, fils de Clotaire I, roi d'Orléans et de Bourgogne en 561; meurt le 28 mars 593.

Henricus, rex. — Henri I, fils de Robert, roi de France. Deux chartes datées de son règne, 19 et 93, dont une de 1046.

Henricus, imperator, 1050. N° 21. — Henri III, le Noir, fils de Conrad II, roi de Germanie et des Romains en 1039. Meurt le 5 octobre 1056. Charte datée de son règne.

Henricus. — Henri IV, fils d'Henri III. Élu roi des Romains et couronné le 17 juillet 1054. Patrice en 1061, empereur en 1084, meurt le 7 août 1106. Treize chartes datées de son règne, dont sept avec le titre de Roi des Romains, n° 69, 90, 106, 114, 115, 107, sous les dates 1082, 1090, 1092, 1093, 1094; deux avec le titre de Patrice des Lombards, roi des Allemands, n° 47 et 39, datées de 1073 et 1074; trois avec le titre d'Empereur, 38, 10 et 103, datées de 1077 et 1093, et une avec le titre de roi des Romains et empereur des Allemands, n° 36, datée de 1096.

Henricus, rex. — Henri V ou Charles Henri, fils d'Henri IV, couronné comme associé vers la fin de 1099. Roi des Romains le 25 décembre 1102, en prend le titre en 1105, et succède en 1106. Empereur le 13 avril 1111, meurt le 23 mai 1125. Trois chartes datées de son règne avec le titre de roi des Allemands, n° 77, 91 et 100, datées de 1110, 1111 et 1120.

Hugo, rex. — Hugues Capet, sacré le 3 juillet 987; meurt le 24 octobre 996. N° 16, 20 et 22, datées de 993. Hugo, rex, cum Roberto filio. N° 23, de 994.

Hludovicus, imperator. — Louis le Débonnaire, n° 4. Diplôme de cet empereur, daté de la vingt-deuxième année de l'Empire, 836.

Lotharius, nepos Caroli. — 28. Lothaire, fils de l'empereur Lothaire I, roi de Lorraine en 855; meurt le 8 août 869; neveu de Charles le Chauve.

Lotharius, rex, an 961. N° 104. — Lothaire, fils de Louis d'Outremer, associé en 952. Roi le 10 septembre 954; meurt le 2 mars 986.

Ludovicus, rex. N° 92.— Louis le Débonnaire. Charte datée : pridie nonas augusti anno XXIV, regnante domino nostro rege. Ce qui donne 838, à partir de la mort de Charlemagne. Avec le titre de Roi, quoiqu'il fût Empereur.

Ludovicus, rex. N° 103. — Non datée. C'est probablement Louis d'Outremer, à cause de Protgarius, qualifié de *prepositus*, le même probablement qu'on trouve évêque de Chalon dès 958.

Ludovicus, rex Francorum.—Louis le Gros, de 1108 à 1137. Sept chartes datées de son règne, dont une, n° 75, datée de 1114. N°° 51, 56, 57, 62, 63, 41 et 75.

Philippus, rex Francorum. — Philippe I. Sept chartes, n°° 47, 55, 10, 67, 52, 58, 68, des années 1074, 1075, 1077, 1091, 1107.

Pipinus, quondam rex. N° 3, anno 779. — Pépin le Bref, père de Charlemagne, mort le 24 septembre 768.

Robertus, rex.— Robert, fils d'Hugues Capet. Cinq chartes, n°° 81, 61, 14, 12, 88, datées de son règne. 1003, 1004, 1006, 1020 et 1022.

Karolus, gratia Dei, rex Francorum et Longobardorum et patricius Romanorum, n° 3, anno 779. — Charlemagne, roi d'Italie, de juin 774; meurt le 28 janvier 814. Diplôme de cet empereur.

PAPES

Joannes, papa, n° 5. Bulle de ce pape, datée des nones d'octobre la sixième année de son pontificat, 878.

Agapitus, papa, n° 1. — Privilège de ce pape, daté de 872. Pièce fausse, car il n'y a point en ce temps de pape de ce nom.

ARCHEVÊQUES. — ÉVÊQUES

Walpertus, episcopus Portuensis, n° 5. — Le même qui est désigné comme diacre, *Diaconus portuensis*, dans la bulle d'Agapet, n° 1, qui est fausse.

Remigius, archiepiscopus Lugdunensis, n° 20. 870.

Hugo, Lugdunensis archiepiscopus, nepos Hugonis, ducis Burgundiæ, 1104. N° 34.— Il est désigné dans le n° 79, non'. daté, comme prieur de Saint-Marcel.

Leubonius, corepiscopus Lugdunensis, 870. N° 28.

Hugo, Bisontinus pontifex... archiepiscopus... archipræsul, n°° 31, 39, 71, 74. Dans la charte n° 74, il se dit *filius Willelmi comitis* (*Burgundiæ*). La charte 39 est seule datée, 1073.

Ado, archiepiscopus Viennensis, 870. N° 28.

Hugo, clericus, postea episcopus, filius Lamberti, comitis. N° 5.—Hugues, comte de Chalon, évêque d'Auxerre.

Liudo, Augustodunensis episcopus. N° 28.

Agano, Eduensis episcopus. N° 30.

Bernaldus, episcopus Matisconensis. N° 38.

Hugo, Lingonensium presul, 33 ; episcopus, 35.

ÉVÊQUES DE CHALON-SUR-SAÔNE

Hucbertus, episcopus, rector basilicæ Sancti Marcelli, 779. N° 3.

Girbaldus, episcopus Cabilonensis, 870. N° 28.

Varnulfus, Cabilonensis ordinatus episcopus ...presul, 870. — Chartes fausses 1 et 2. Girbaldus était alors évêque de Chalon.

Frotgarius, Cabilonensis ecclesiæ episcopus, 961. N° 104. Le même, probablement, paraît dans la charte n° 103 comme prévôt de Saint-Marcel.

Gaufredus, episcopus Cabilonensis, C 1039. N° 93.

Achardus, episcopus (Cabilonensis). N° 30.

Roclenus, episcopus Cabilonensis, 1074-1077. N° 47. — 10.

Galterius, Walterius, episcopus Cabilonensis. — Paraît dans six chartes, n°° 46, 50, 52, 75, 76, 102. Deux, 52 et 75, sont datées 1107-1114.

Jotsaldus, episcopus Cabilonensis. — Mentionné dans six chartes non datées. N°° 41, 51, 56, 57, 63.

DUCS DE BOURGOGNE

Hinricus, rex. — Henri I, frère de Hugues Capet. N° 6.

Rotbertus, dux Burgundiæ defunctus. N° 33. — Robert I", 1032 à 1075.

Odo, dux Burgundiæ defunctus. N° 34. Pater Hugonis ducis, 1104. — Eudes I, dit Borel, mort en 1102. Père de Hugues II.

Hugo, dux Burgundiæ, Odonis filius. N°° 32, 34 ; le n° 34 daté de 1004. — Hugues II, fils de Eudes I. La charte 32 lui donne Mathilde pour épouse.

Mathildis, uxor Hugonis, ducis Burgundiæ. Nº 32. — Femme du duc Hugues II.

Henricus, frater ducis Burgundiæ. 1004. Nº 34. — Frère du duc Hugues II et moine de Cîteaux.

COMTES DE CHALON-SUR-SAÔNE

Aledrannus, comes. 872. Nº 2. Apocryphe. — On ne le trouve pas ailleurs que dans cette charte fausse.

Garnius vel Warnius, comes. — Monasterium tenens. — Comte Varin. 835. Nº 4.

Gislebertus, comes, filius Ermengardis, comitissæ. 924. Nº 27. Gilbert de Vergy, comte de Chalon, duc de Bourgogne, fils de Manassés de Vergy dit le Vieux et d'Ermengarde.

Lambertus comes. 960. Nºˢ 104 et 6. — Lambert, comte de Chalon, fils de Robert, vicomte d'Autun ; cité dans le nº 6 comme mari d'Adélaïde et père d'Hugues.

Adheleidis, vidua Lamberti comitis, uxor Gaufredi, comitis. Nº 6. — Adélaïde, comtesse de Chalon, fille de Gislebert de Vergy, selon les uns, ou de Robert de Vermandois, selon les autres.

Gaufredus comes, maritus Adheleidis, viduæ Lamberti, comitis. Nº 6. — Ce comte a été identifié tantôt avec Geoffroy Grisegonelle, comte d'Anjou, et tantôt avec un Geoffroy de la maison de Semur-en-Brionnais.

Hugo, comes. Nº 8. — Clericus et postea episcopus, filius Lamberti, comitis. Nºˢ 8 et 6. — Hugues I, comte de Chalon et évêque d'Auxerre.

Tetbaldus, comes Cabilonensium. Nºˢ 6, 24, 30, 93, 10, 11. — Thibaud de Semur, comte de Chalon, petit-fils du comte Lambert. Ermentrude, sa femme. Nº 6.

Ermentrudis, conjux Tetbaldi. Nº 6.

Hugo, comes Cabilonensium. — Hugues II, comte de Chalon. Nºˢ 11, 10, 30, 33. Le nº 10, seul daté de 1077. Les nºˢ 11 et 30 le désignent comme fils de Thibaut.

Guido et Wido, comes Cabilonensium. Nºˢ 96, 105 et 107, années 1090 et 1093. — Guy de Thyers, fils de Guillaume de Thyers et petit-fils de Thibaut, comte de Chalon. Le nº 105, de 1093, le mentionne avec Geoffroy de Donzy, *Gaufredo comitis*, qui possédait avec lui le comté par indivis.

Gaufredus, comes Cabilonensis. Nºˢ 96, 105, 107. — Geoffroy de Donzy, cité ci-dessus.

Savaricus, comes Cabilonensis. 79. — Savaric de Donzy, dit de Vergy, comte de Chalon en partie par l'achat de la part de Geoffroy de Donzy.

Rotbertus, comes qui abbatiam (S" Marcelli) tenebat, 104. — Charte signée du comte Lambert et d'Ingeltrude, femme dudit Robert. Il y a erreur de qualification; il s'agit de Robert, vicomte d'Autun, père du comte Lambert, et dont la femme se nommait Ingeltrude.

Robertus, vicecomes Cabilonensis civitatis, 8. — Cette charte, du temps du comte Hugues I et de saint Odilon, ne peut convenir au vicomte Robert, père du comte Lambert. Ce Robert doit être frère dudit comte, que les auteurs ont désigné comme vicomte de Chalon. La charte porte la souscription de sa femme Elisabeth.

COMTES DIVERS

Hugo, Trecencis comes. 34. — Probablement Hugues, comte de Troyes et de Bar-sur Aube, fils de Thibaut, comte de Champagne.

Willelmus, comes, Araris tenens principatum. 33. — Pater Hugonis, archiepiscopi Bisuntinensis. 74.—Guillaume I", dit le Grand, comte de Bourgogne.

ABBÉS ET PRIEURS

Maïolus, abbas Cluniacensis. — 6. Saint Mayeul.

Odilo, abbas Cluniacensis. — 8, 13, 14, 19, 25, 21, 26, 88. Saint Odilon.

Hugo, abbas Cluniacensis.— 10, 11, 33, 39, 96. Saint Hugues.

Pontius, abbas Cluniacensis. — 76.

Eudo, abbas. — 28.

Herpinus, abbas. — 28.

Gontardus, abbas. — 28.

Josbertus, abbas Besuensis. — 35. Abbé de Bèze.

Jaurento, abbas Divionensis.— 34.

Sigualdus, prior Cluniacensis.— 30.

Wichardus, prior de Barro. — 52. Bar-le-Régulier.

Walterius, Gibriaci prior.— 32.

Narduinus, prior Vallis. — 74.

Hugo, prior Floriaci.— 32, 34. Fleurey-sur-Ouche.

Leodegarius, monachus, decanus Roffiaci.— 78. Ruffey-sur-Seille.

Pontius, prior.— 32.

CHARGES ECCLÉSIASTIQUES

Achardus, decanus.— 93. Achard, plus tard évêque de Chalon.

Hubertus, decanus (sancti Marcelli?) — 85.

Hugo de Esparvens, decanus. — 101.

Jotsaldus, decanus Cabilonensis. — 75, 52. Plus tard évêque de Chalon.

Raimundus, decanus Cabilonensis. — 46. Une charte de 1114, n° 75, le nomme Raimundus de Bussiaco, canonicus Cabilonensis.

Nota. — Outre ces doyens certains, le Cartulaire nomme Decani des personnages qui semblent appartenir à une famille de ce nom. Comme quelques-uns ont pu être des doyens ecclésiastiques, nous en donnons les noms.

Aimo, decanus.— 43.

Aimo, decanus, pater David. — 5.

Bertardus, decanus, frat. Hugonis. — 85.

Gerardus, decanus. — 68.

Durannus, decanus. — 69.

Bernardus, decanus.— 35.

Constantius, decanus. — 17.

Tetardus, decanus. — 104.

Vdalricus, decanus.— 74.

Litgerius, decanus. — 41.

Jotcerannus, cantor Cabilonensis. — 34. Gaucerannus. — 52.

Hugo, cantor Cabilonensis.— 16, 41, 51, 57, 62, 63, 75.

PRÉVOTS, MAIRES, JUGES, CHANCELIERS, ETC.

Constantinus, prepositus Rofiaci. — 78.

Gislerannus, prepositus. — 17.

Lambertus de Monteacuto. — 60.

Oddo, prepositus, familiaris ducis. — 34.

Petrus, prepositus. — 95, 114.

Rotbertus, prepositus de Terrensi.— 38.

Rodulphus, prepositus, pater Seguini. — 30.

Constantinus, judex.— 25.

Gotbertus, major, judex, frater Adalgari et Constaboli.— 81.

Warnerius, filius majoris Floriaci. — 32.

Joannes, major — 36.

Frodga, archicancellarius.— 14.

Walterius, conestabulus.— 34.

Rainerius, dapifer ducis.— 34.

Hugo, dapifer ducis.— 34.

Hirminmarus, notarius, ad vicem Hugonis.—4. Cet Hugues est nommé parmi les archichanceliers de Louis le Débonnaire.

CHEVALIERS

Aheius, miles, nepos Hugonis de Marneio. — 60.

Robertus de Alusia, miles. — 50, 54.

Arleius, miles, filius Hugonis. — 106.

Hugo de Baiaco, miles.— 99.

Bernardus, nobilis miles, frat. Hugonis, pater Anselmi. — 48.

Pontius de Blasiaco, miles, pater Wernerii. — 32.

Bonefacius, miles, frat. Petri Carbonelli.— 91, 105, 107.

Petrus Carbonellus, miles.— 105, 106.

Letbaldus de Castenedo, miles.— 44, 69. — (Castenodo), 96. — (Castanedo), 114, 82, 86.

Stephanus de Castanedo, miles.

Rainaldus de Esconensis, miles.— 77.

Siguinus, miles.— 36.

Gislebertus, miles. — 38, 68, 96.

Guido, miles. — 90.

Lambertus de Insula, miles.

Joteerannus, miles, bastardus.— 115.

Bertrannus de Oratorio.— 90.

Albericus de Porlineis, miles. — 114.

Pontius de Porta, miles.— 99.

Falco de Regionvilla, miles. — 67.

Guido Rufinus, fil. Dalmatii, militis.— 115, 116.

Arnulphus Rufus, miles.

Salicherius de Sancto Marcello, miles.— 119.

Hugo de Sancto Marcello, miles. — 96, 119.

Giraldus de Sancto Marcello, miles. — 119.

Letbaldus de Sancto Marcello, miles. — 44.

Vnus miles de Lauduns.

Wido Warellus, miles. — 32.

Wido de Puncta, miles. — 32.

Dalmatius, miles, pat. Guidonis Rufini. — 115, 116.

PRÉVOTS ET PRIEURS DE SAINT-MARCEL
SELON L'ORDRE DES DATES

Huebertus, rector basilicæ Sancti Marcelli. — 3. *779*.

Garnius, comes, monasterium commissum habens. — 4. *835*.

Dominus Datus, prepositus Sancti Marcelli. — 5. *878*.

Leuterius, prepositus et advocatus Sancti Marcelli. — 28. *873*.

Frotgarius, prepositus. — 103.

Rotbertus, comes, qui abbatiam tenebat. — 101. *960*.

Siefredus, prior Sancti Marcelli. — 8, 14, 25. *988, 1006, 1048*.

Heinricus, prior. — 19. *1043*.

Stephanus, prior. — 117.

Alvisius, prior. — 31, 39, 47, 75, 99, 68, 71, 72. Trois de ces chartes sont datées 1072, 1074, 1075. La 99ᵉ, qui est d'environ 1090, mentionne ce prieur comme défunt.

Bernardus Grossus, prior. — 116. *1093*. — Bernard de Brancion, qui devint grand prieur de Cluny.

Arthaldus, prior. — 99.

Narduinus, prior. — 42.

Gaufredus, prior. — 36, 74. *1096-1090*.

Girardus, Giraldus, prior. — 38, 49, 69, 100, 107 *1091, 1093*.— Trois de ces chartes sont de 1093.

Hugo, Lugdunensis archiepiscopus, nepos Hugonis, ducis Burgundiæ, prior Sancti Marcelli. — 79. *1106*.

Hugo, cognomino Beraldi, prior. — 75. *1114*.—Prepositus Sancti Marcelli. — 30.

Geraldus, prepositus Sancti Marcelli. — 30, 24, 105. *1039, 1090*.

Guolbertus Christophorus, prepositus. – 115. *1092*.

Syrus, subprior. — 43.

Gislardus, cancellarius. — 19. *1043*.

Philippus, prior. — 41, 44, 45, 46, 85, 70. *1120*. La charte 46 mentionne comme défunt ce prieur et le dit oncle de Guy de Verdun.

ERRATUM

Dans le texte imprimé, p. 38, la charte 34, doit être datée de 1104.

CHALON-SUR-SAÔNE, IMPRIMERIE DE L. MARCEAU.

www.ingramcontent.com/pod-product-compliance
Lightning Source LLC
Chambersburg PA
CBHW050014100426
42739CB00011B/2637